虐待ゼロのまちの地域養護活動

施設で暮らす子どもの「子育ての社会化」と旧沢内村

井上寿美・笹倉千佳弘 編著

生活書院

はじめに——旧沢内村（現西和賀町）との出会い

　52日と11回（2011年8月〜2017年6月）。これまでに私たち（井上・笹倉）が西和賀町を訪れた日数と回数である。通算すると、この6年の間におよそ2か月間、西和賀町に滞在していたことになる。それほどまでにこの町に通うようになったきっかけは、1本のドキュメンタリー映画「いのちの作法——沢内『生命行政』を継ぐ者たち」（小池征人監督、都鳥拓也・伸也企画・プロデューサー、2008年）を観たことであった。
　2010年春、当時、井上が勤務していた大学でこの映画の上映会がおこなわれた。「いのちの作法」という映画のタイトルに何か言いしれない興味がわいたものの、事前に映画について調べたわけではなかった。たまたまその時間帯に授業が入っておらず、急ぎの仕事もなかったので、映画がおもしろくなければ途中で退室すればよいと思っていた。今から思えば、とても不謹慎な気もちで上映会場になっていた大教室の扉を開けたことを覚えている。午前中であったためか、広い教室に学生の姿はまばらで空席が目立った。あまりの参加者の少なさに、上映会を企画された先生に申し訳ないような気もちになり、退席は難しいと覚悟を決めて席に着いたというのが正直なところであった。
　しかし、「この町には、すこやかに生まれ、すこやかに育ち、すこやかに老いる人たちの落ち着いた生活があります」という冒頭のナレーションで、当初のいい加減な気もちはすっかり消え、映画にくぎづけになってしまった。「すこやかに生まれ、すこやかに育ち」というようなフレーズはこれまでにも何度か耳にしたが、「すこやかに老いる」というフレーズを耳にしたのはこの時が初めてであった。支給年齢がどんどん引き上げられていく公的年金、老後の貯蓄ができないような不安定な就労状況、そのような中で年老いて体を壊したら治療や入院等の費用を支払えるのか、等々、老後に対する多くの不安が語られる昨今である。「すこやかに老いる」ことのできる町と

はいったいどのような町なのであろうか。すこやかに老いることが担保されていれば、老いるまでの人生にゆとりや豊かさが生まれるに違いないと思った。このように冒頭から映画に引き込まれはしたものの、まさかこの映画の中で、社会的養護の子どもに関わる話が登場し、後にそのことがきっかけとなり、自分が西和賀町に足を踏み入れるようになるとは思いもよらなかった。

　映画が始まって1時間くらい経過したところで、今回、この本でとりあげることになる、社会福祉法人岩手愛児会児童養護施設みちのく・みどり学園の子どもや、関東地方の児童養護施設の子どもを、西和賀町の人たちが迎え入れる映像が流れた。そしてその中で、「子どもたちが何か発見してうれしい時に、後ろを振り返った。振り返った時に、それに気づいているおとながいる」というような経験が大切にされていた。自分たちの町の子どもだけでなく、虐待等で親と一緒に暮らすことが難しくなった児童養護施設の子どもが「すこやかに育つ」ことを、このような眼差しで見守ることのできる町の人に会いたいと思った。井上は、さっそくこのDVDを購入し、是非、観て欲しいと共同研究者である笹倉のもとへ届けた。

　渡されたDVDをパソコンにセットし、ドキュメンタリー映画「いのちの作法」を観た。観終わった頃には、西和賀町に出かけることを心に決めていた。その理由は、この映画に記録されている、いくつかのエピソードに心を揺さぶられたからである。たとえばそれは、次のようなものであった。児童養護施設の小学生2人が1泊2日の日程で、西和賀町でホームスティをした時の場面である。その家のおばあちゃんが、お母さんが一緒でないのによくここへ来たねという話をする中で、「母さんはいるんでしょう。父さんは？」と子どもに尋ねると、間髪入れず、2人が答えた。「父さん、いない。離婚した。喧嘩してね、離婚した。父さん、母さんのこと突き落として、それで、椅子ぶつけた」。

　子どもの話を聞いているおばあちゃんのおだやかな顔。子どもを気にかける、案ずるというのは、こういうことなのだと思った。子どもとおばあちゃんのやりとりが、なんとも心地よく感じられた。このおばあちゃんとこの子らの間に、第三者には感受できない何かが醸し出されたに違いない。

　翌年、初めて西和賀町を訪問し、初めて地域住民にインタビューをおこな

った時、偶然、この家の家族から話を聞くことができた。子どもがやって来る前に、おばあちゃんには、あまり個人的なことを聞かないようにと伝えておられたと言う。しかし、そのようなことを気にせず、おそらくそのような話は忘れてしまって、この子らのことが気になるがゆえに、思わず、親のことが口から出たのであろう。そしておそらく、両親のことを尋ねられた子どもは、それを話したがゆえに、残りのホームスティの時間で、地域の暮らしを享受できたに違いない。

　地域住民による児童養護施設の子どもへのかかわりが自然体であることに関心を抱く一方、カメラに記録された日の映像がたまたまそうであったのかもしれないが、都会の児童養護施設の子どもが数日間の体験活動を終え、それぞれの施設へ帰っていく様子には違和感が残った。最終日の別れの場面、子どもを見送る地域の人の目にも、見送られる子どもの目にも、涙があふれていた。数日間、共に過ごしただけでここまで泣けるものなのか。もしかすると、手の込んだ「演出」があったのではないか。そのような意地の悪い気もちもどこかにあった。それならばこの目で確かめなければと強く思うようになったのである。

　西和賀町を訪問することを決めたのはよいが、知り合いはまったくいなかった。インターネットで西和賀町のことを調べていると、「深澤晟雄の会」を見つけた。いきなり電話をするのは失礼だと考え、事前に西和賀町訪問の趣旨を簡単に記した手紙を送り、しばらくしてから同事務局に電話をかけた。そのときに紹介していただいたのが米澤一男さんである。その後、米澤さんと数回にわたるメールや手紙のやりとりを経て、西和賀町を訪問することになった。一番、印象に残っているのは、「調査協力依頼書」を送った後に届いた米澤さんからのメールであった。添付された文書には、ご自身の自己紹介から始まり、私たちが西和賀町で訪問したらよいところの提案、宿泊先や移動手段、等々、よくもまぁ、ここまで気がつくものだと驚くと同時に、その心遣いがありがたく心から感謝した。

　初めて西和賀町を訪れた時のことは今でもはっきりと覚えている。空港や新幹線の駅からこの町に行くには、盛岡から県道１号線を通ってバスで入るか、JR北上線で温泉つきの駅舎で有名な「ほっとゆだ駅」から入るかの２

通りである。最初の訪問では、ほっとゆだ駅から入ることになった。私たちが駅に到着すると、米澤さんが自家用車で迎えに来てくださっていた。まるで親戚の人か、昔からの友人を待っていたかのように、よそよそしい挨拶もなく、「すべて了解しています」というような雰囲気で、手際よく車の後ろに私たちのキャリーバックを積み込み、予約してくださっていた「沢内バーデン」へと向かった。沢内バーデンというのは、町が出資している第三セクターの研修宿泊施設である。

初回の訪問では、米澤さんのご尽力で実に様々な方にお会いすることができた。米澤さんご本人はもちろんのこと、第1章で語りを紹介している、元沢内村村長の太田祖電さんや元社会福祉協議会事務局長の高橋典成さん、そして、沢内村で採用された最初の保健婦である高橋ミヨさん等、旧沢内村の生命行政を中心的に担ってこられた方々である。加えて、現在、西和賀町のまちづくりに参加されている若い方々にもお会いした。この時のインタビュー調査については、後に旧沢内村の地域の質を考える際の貴重なデータとなった。なお、西和賀町を訪問していながら、この本で旧沢内村と限定しているのは、実際にお話をうかがった方々が旧沢内村に関係する人であったということによるものである。

最初の西和賀町訪問時に、米澤さんの運転で片道およそ70キロを往復し、みちのく・みどり学園（盛岡市）を訪問した。そして当時、園長であった藤澤昇さんや、地域養護活動としてのホームスティに参加したことのある2人のきょうだい（当時は中学生）にも話を聞くことができた。地域養護活動のエピソードを紹介した第3章のサブタイトルになっている、「『何をしてもらったか』ではなく『何をしたか』」は、この時のインタビューで、かれらから教えてもらった言葉である。みちのく・みどり学園の訪問を終え、米澤さんの車に戻りかけた時、藤澤さんが、「ちょっと待って」と言って園長室に戻っていかれた。しばらくして私たち2人に近づいて来られたその手には、こけしが2つ握られていた。確かな言葉は失念したが、どちらかと言えばぶっきらぼうに、「これ」と言いながら渡してくださったように思う。藤澤さんから頂戴したこけしを、井上は大学で研究室の書棚に飾っており、笹倉は自宅で机の横にある書棚に飾っている。後にわかったことであるが、このこ

けしは「湯田こけし」の工人として有名な小林定雄さんによって製作されたものであった。

　米澤さんからは実にたくさんの資料を貸していただいた。このような資料を見たいと言うと翌朝には持参してくださる、このような人に会いたいと言うとその段取りをしてくださるというように、その手際の良さには感服させられた。そして何よりも、調査協力者のもとを訪ねる往復の道中で、車の運転をしながら語ってくださるエピソードの1つひとつが私たちにとっては、どれも貴重なものであった。夜になると、必ず、その日の米澤さんの話を思い出してフィールドノーツを作成したものである。

　また別の日には、米澤さんの運転で「ワークステーション湯田・沢内」を訪問した。そして、社会福祉協議会退職後、同施設職員になられた高橋典成さんにも話を聞くことができた。私たちの質問に対して、一言、一言、言葉を選ぶようにして丁寧に答えてくださった。初回の西和賀町訪問を終えしばらくした頃、高橋さんから絵葉書が届いた。その葉書には、西和賀町での調査活動をねぎらう言葉が綴られた後、「豪雪の体験なく沢内を知ったことにはなりません。是非、お訪ねください」という一文で結ばれていた。それを読んで即座に、「これは『挑戦状』だ」と思った。挑戦状には2種類あって、面倒だから無視するものと、その挑戦にのってやろうと、がぜん、やる気が起こるものがある。高橋さんからの葉書は、もちろん、後者であった。初めての西和賀町訪問から半年後の2月に西和賀町を再訪した。時間をおかずに西和賀町の豪雪を体験できたのは、高橋さんからの誘いによるところが大きい。

　翌年の夏、地域養護活動としての全国・西和賀まるごと児童養護施設事業に参加した。わずか5日間の体験活動で泣くわけはないと思っていた私たちが、子どもを見送りながら涙した。映画で観たおとなたちと同じであった。

　私たちの研究は、実に多くの方々からの協力を得て実現した。初対面の私たちを受け入れてくれた子どもやおとなたちに心からの感謝を述べたい。また研究結果の公表にあたり、生活書院の高橋淳さんには出版の機会を与えていただいた。さらに出版に際して、地域養護活動の関係者にコラム原稿を依頼したところ、快く寄稿してくださった。加えて表紙の作成では、岩手愛児

会から子どもの作品を提供していただいた。すべての関係者に対して記して感謝する。なお、この本において実名で記している施設や事業名称、人名等については、事前に了解を得たものである。一方、個人情報保護の観点から、第3章のエピソードに登場する人名については新幹線の名称を拝借し、第5章の聞き取り資料についてはランダムにアルファベット表記としている。

　この本は、日本学術振興会平成22-24年度科学研究費（研究課題番号：22500707、研究代表者：井上寿美）と、日本学術振興会平成25-27年度科学研究費（研究課題番号：25380819、研究代表者：井上寿美）の助成を受けておこなった調査研究に基づくものである。

虐待ゼロのまちの地域養護活動
施設で暮らす子どもの「子育ての社会化」と旧沢内村

目次

はじめに——旧沢内村（現西和賀町）との出会い　*3*

第1章　旧沢内村（現西和賀町）の地域養護活動　*13*

 1　旧沢内村と深澤晟雄の生命行政　*16*
  （1）深澤村長の生命行政　*16*
  （2）住民自治の精神　*17*
 2　旧沢内村の子どもを尊重する気風　*20*
  （1）妊娠期から「村の宝」を育てる　*20*
  （2）子どもを1人の人間として尊重する　*22*
 3　生命尊重を基底にした地域養護活動　*23*
  （1）児童養護施設みちのく・みどり学園　*24*
  （2）児童養護施設の児童を年間を通してホームスティさせる事業　*25*
  （3）全国・西和賀まるごと児童養護施設事業　*26*

第2章　地域養護活動の現実に分け入る　*33*

 1　現実のとらえ方　*33*
 2　データ収集の方法　*34*
  （1）インタビュー　*34*
  （2）参与観察　*35*
 3　エピソード分析　*37*
  （1）エピソード記述　*37*
  （2）個別具体から普遍へ　*39*
 4　倫理的配慮　*43*

第3章　地域養護活動の実際
   ——「何をしてもらったか」ではなく「何をしたか」　*44*

 1　「ホームスティ事業」のエピソードと考察　*47*
  （1）洗濯物——コダマの場合　*47*

(2) 自転車——ノゾミの場合　50
         (3) ミニかまくら——ミズホの場合　53
         (4) 蝶々や花——サクラの場合　56
     2　「まるごと事業」のエピソードと考察　58
         (1) ひじつき椅子——ツバメの場合　58
         (2) ホタル——ツバサの場合　61
         (3) 稲荷神社——ヒカリの場合　64
         (4) 焼けた肉——ヒカリの場合　66
         (5) 長財布——ハヤテの場合　68
         (6) 集合写真——ハヤテの場合　71

第4章　子どもにとっての地域養護活動の意味　76

　1　地域養護活動に参加した子どもの経験　77
         (1) 子どもの認識が拡がる　77
         (2) 多面性を帯びたものであると認識する　86
         (3) 多面性を帯びた認識には負の側面も含まれる　89
     2　児童養護施設退所後の生活困難を軽減する可能性　90
         (1) 外集団の関与により認識が拡がる　90
         (2) 外集団の関与により認識が一般化する　92
         (3) 児童養護施設退所後の生活困難と自立支援の取りくみ　93
         (4) 自立困難軽減の可能性が高まる　95

第5章　地域養護活動が可能になる地域社会の質
　　　　　——地域住民の行動様式の観点から　103

　1　地域養護活動が可能になる理由　107
         (1) 地域社会の質を知る必要性　107
         (2) 地域社会の質を知るための資料　109
     2　地域住民が経験する行動様式　112
     3　地域住民の行動様式からとらえた地域社会の質　113
         (1) 自ら発信することが大事である　114
         (2) 他人事にしない・されない　115

(3) みんなで考える　118
　　(4) 無理をしすぎないでおこなう　119
　　(5) 憶測で物事を決めない　120
　　(6) 役に立つものは活用する　122
　4　隠れたカリキュラムとして子どもに伝えられる行動様式　125

［コラム］
　沢内村から学ぶ　　藤澤　昇　13
　子どもの「いのち」が輝く西和賀に　　高橋典成　14
　保健婦地域包括医療の原点──いちごの家：障がい児者の自立支援　　深澤久子　28
　深澤語録から見える子ども観　　米澤一男　29
　ホームスティはたのしい　　髙橋千賀子　44
　ホームスティ受け入れと振り返りの会　　髙橋千賀子　74
　どの子もかわいい！　　志賀久満喜子　76
　自称・百姓の私とホームスティ　　有馬　絹　99
　心の居場所　　高橋和子　100
　凍てついた心と薪ストーブの温もり　　深澤千里　103
　「豆盗み」に心躍らせた頃　　髙橋光世　104
　不便だからこそ頼れる関係性を　　太田宣承　106
　1本の弁論大会録音テープに教えられて　　村山フミエ　127
　心の通う人たちの集まる場所　　下田博美　128
　「種市転住」子どもと共に歩む　　大村文雄　130

おわりに　133
この本のもとになった論文・学会報告　138
西和賀町（旧沢内村）関連文献　140

第1章　旧沢内村（現西和賀町）の地域養護活動

沢内村から学ぶ

　私と旧沢内村（現西和賀町）との関わりは30年に及ぶ。何時訪れても体の芯に緊張が走り、それが村を後にするときは心地よい和みの気持ちになる。

　特に子どもたちを連れて土地に入ると一層それが増幅される。子どもたちとは、社会的養護を必要とする子どもたちのことである。

　私の施設職員としての45年の大半は、その子どもたちとの沢内詣でにある。正に困った時の「沢内詣で」である。その儀式は、土地に一歩入るとき子どもも大人も地元の民謡「沢内甚句」を奥羽山塊の和賀岳に向い唱和することから始まる（沢内の皆さん、これからお世話になります。よろしくお願いします）。

　施設の子どもの困った時は、施設の大人が途方に暮れたとき。そのとき迷わずに施設を離れ詣でる。今、その30年の軌跡を辿る。

　若年性糖尿病の中学生女子が旧沢内病院で実習をすることになった。増田進院長先生の計らいで成人の糖尿病の患者さんのお世話をすることになった。慣れない清拭をしたら、年老いた患者さんから「気持ちいいなぁ。ありがとョ。オメ～ィさんも若いんだから体を大切にしなさいよ」と言われ、その日から自らに病気に立ち向かう姿が見えた。

　心身症・不登校の子どもたちが曹洞宗玉泉寺の泉全英住職から座禅の手ほどきを受ける。己の弱き心から進んで警策を受け「俺、和尚さんに叩かれ、気持ちが良かった」と意気揚々と語る。後で住職といつものように別室で懇談すると「あの子たちは世の鏡。先生方は世の光」と励まされたことが何度もあった。

　そして、最近は親から虐待を受けて育った子どもたち。育ちも心の傷も一人ひ

とり違う。この子どもたちに個別の家庭体験をお願いした。「分かった」と地元ＮＰＯの責任者の返事。早速個別に合った（勿論周到な準備をして）家族が紹介され実施された。報告会では施設の子どもを挟んで「川の字で寝た」、との笑いの報告があった。子どもたちは施設に帰り、この人肌の温もり体験をいつまでも話す（脳細胞に刷り込まれた生涯初の原体験か）。

私が沢内に入り浸り、何年か後の夏に地元の自然観察指導員とブナ林に入ったことがある。雨が降ったと思ったらさして濡れもせず、暫くして林一体のブナの枝葉から葉音がザワザワし、よく見ると枝から幹にかけ雫が垂れ、次第に幹から根元に水が流れるように腐葉土に染み込んでいた。聞くところによるとこの腐葉土から土に潜りこんだ水は約100年後に陽光を浴びると言う。和賀岳から注ぎ込んだその清水は、和賀川を満たしそれが、「沢内甚句」にある沢内三千石の田畑を潤し豊穣の作物をもたらす（きれいな真水が子どもの心を洗う）。

施設の子どもと大人が沢内詣での儀式に和賀岳に向かい地元の民謡を唱和し頭を垂れる。施設に帰る車中で子どもたちが異口同音に話した。「さわうち大好き。また行きたい」。（藤澤　昇）

子どもの「いのち」が輝く西和賀に

2017(平成29)年2月中旬、厳寒期の西和賀は約1メートルの深い雪の中にある。しかし、深澤晟雄の時代から比べると、雪の量は半減しているように思う。かつて沢内風土記に描かれた「天牢雪獄」という状態ではないものの豪雪には変わりない。この「雪」が農業の生産を阻害し「貧困」に、貧困であるから医者にもかかれず「病気」を誘発していた。

1962(昭和 37)年、沢内村は乳児死亡ゼロを達成した。全国初の快挙であり、死亡率7％前後(100人生まれると 7人前後の死亡)の村にとっては「信じられない」ことでもあった。赤ちゃんがコロコロ死ぬことが珍しくなかった時代を知りつくし

ている住民に、特に高齢者にとっては「いのちの尊厳」を肌に浸み込ませている。

　沢内村の乳児死亡ゼロに貢献し、その後も乳幼児健診等で沢内村に来ていた故石川敬治郎先生は盛岡市の虚弱児施設（後に児童養護施設になる）園長にも就任した。子どもたちを養護するためには「地域」が必要であるとの考えから、その1つに沢内村が選ばれた。1975（昭和50）年代から沢内村をフィールドにした取り組みが始まる。

　施設まるごと夏に1週間機能を移す「夏季転住」、カタクリの咲く時期に行う「カタクリ転住」、首都圏の児童養護施設を対象にした「沢内村まるごと児童養護施設事業」等を実施してきた。最初は病弱、身体虚弱児童が対象児童だったが、1998（平成10）年頃からは虐待を受けた子どもたちが多くなった。2007（平成19）年10月、NPO法人輝け「いのち」ネットワーク（通称「いのちネット」）を創設し、活動の1つに「ホームスティ事業」を行うようになってからは、被虐待児との係りが多くなってきた。

　ホームスティと言っても特別なことをするのではなく、あたりまえに家族の一員として24時間生活するだけである。畑作業をしたり、買い物や食事つくりをしたり、冬の時期だと除雪をしたりと、それぞれの家庭に合わせた時間を過ごし泊まるのである。

　最近の児童養護施設の子どもたちは、ほとんど家庭での生活とよべるような生活体験は皆無であるという。家族での楽しさや葛藤の経験がない、地域での異年齢の遊びやガキ大将の怖さも知らない。多くの子どもが経験する育ちのプロセスを省略されているので、ささやかな疑似体験であるが「育ち直し」の役割を持てればと思っているところである。

　最近、里親のレスパイトにこのホームスティが役立つのではないかとの話題も出てきている。これからの方向の1つであり課題でもある。しかし、高齢化が進む中で、ホームスティを引き受ける家庭が少なくなってきているのが心配である。

　限界集落状態の地区が多くなっている西和賀町にとって、「いのちの尊厳を肌に浸み込ませている高齢者の知恵が生かされ、郷土料理や郷土芸能、豊かな自然を生かす地域づくり」としての認識が必要である。行政の認識が低いと言っても始まらないので、我々「いのちネット」としての真価が問われていると思う。（高橋典成）

1 旧沢内村と深澤晟雄の生命行政

(1) 深澤村長の生命行政

旧沢内村は、岩手県の南西部に位置し、奥羽山脈を境として秋田県に接する山に囲まれた県内有数の豪雪の村であった。村の中央部を和賀川が流れ、豊かな自然を活かし第一次産業を基幹産業としてきた[1]。2005（平成17）年に隣接する町の1つである旧湯田町と合併し、岩手県和賀郡西和賀町となった[2]。現在の西和賀町は、南北約50km、東西約20km、総面積590.78 km²、人口5,878人、世帯数2,351世帯（2017（平成29）年8月31日現在）である。

合併前の旧沢内村は、1950年代半ばでも豪雪・貧困・多病多死という三重苦に悩まされていた。およそ半年間、村全体が2mを越す雪に閉ざされるため、村人はその間、収入の道が断たれてしまうという状況であった。病気になっても貧困や豪雪のため医者に診てもらうことは難しく、医者のもとを訪れるのは死亡診断書を書いてもらう時が初めてであるということも珍しくはなかった。

しかし、このような貧しい村に転機が訪れた。村を離れていた深澤晟雄（1905-1965）が帰村して村長（1957-1965）となり、「住民の生命を守るために私の命を賭けよう」という強い信念のもと、「1.すこやかに生まれ　2.すこやかに育ち　3.すこやかに老いる」ことを目指した地域包括医療を推進した。生命行政を展開した深澤村長の偉業の数々は、深澤晟雄資料館（西和賀町沢内字太田2-68）の前庭にある深澤晟雄胸像の次の顕彰碑文からうかがい知ることができる。

> 　昭和三十二年深澤晟雄氏村長に就任するや、理想高く正義感の強い氏は、この自然の猛威を克服することを悲願として奔走、ついに村と県都盛岡までの冬季交通を確保し、特に医療行政において老齢者、乳児に対する国保の十割給付を断行、村民の平均寿命の延長、乳児死亡率零の金字塔を打ち樹てたことは、村史に銘記すべき不滅の業績である。

(2) 住民自治の精神

　65歳以上の医療費無料化（1960（昭和35）年）、60歳以上と乳児の医療費無料化（1961（昭和36）年）、日本で初めて地方自治体としての乳児死亡率ゼロの達成（1962（昭和37）年）、盛岡までの冬季間定期バス開通（1963（昭和38）年）等、これらはすべて深澤村長の業績である。しかし、ここで忘れてはならないのは、これらの偉業を深澤村長は村民とともに成し遂げたということである。たとえば、冬季交通手段の確保については、まず村民に「冬季交通確保期成同盟会」を呼びかけ、結成することから着手した。深澤村長の政治手法について、その時代に教育長を務め、後に旧沢内村村長を5期20年（1973-1993）務めた太田祖電（1921-2015）は、教育長時代の経験を次のように語っている。

> 　深澤晟雄さんが当選した時に、毎日、毎日、朝、会って話した。（略）住民の意見を十分に聞いていくことから出発しなければならない。広報はビタミン剤だが、ビタミン剤は「上から下」なら効かない。広聴活動をして住民の考えを大事にしていかなければならない。住民の生活要求、地域課題を十分にすくいあげる。（略）広聴活動は社会教育だから教育長に任せると言われ、天井まで届くぐらいに（住民から）聞いたやつのあれ（＝意見の記録）を集めた。県の社会教育主事と大学の先生に来てもらって泊りがけでやった（＝分析した）。
> 　その結果は、1.あまりに雪が多すぎる。2.あまりにも貧乏である。3.あまりにも多病多死。（略）最初にやるのは雪の問題。ブルドーザーを買って除

雪するという考え方では失敗する。住民自らが立ち上がって、住民自らが組織を作って、住民自らが考えて、住民自らが実行して、足りないところを村が出すという形（にする）。（インタビュー：2011 年 8 月 24 日）

　このような深澤村長の生命行政の具体的な進め方について、現在、深澤晟雄資料館の事務局長を務める米澤一男（1942-）は、次のように語っている。

　　深澤晟雄村長を語るには、生命尊重の理念はそのとおり。それを具現化していく時に住民自治の精神がある。（深澤村長は）自分が考えて「ああしたい」と思っているわけです。でも「こうやれ、ああやれ」ではなく、「じゃあどうすればいいかな」という問いかけをする。そうすることによって「そうだな、そこに向かっていくためにどうするか」ということを住民サイドで考えてもらう。「じゃあ自分はどうすればいいか、自分がそれを解決しなければならない」という思いになってもらうことが重要。行政が住民の願いに応えていけるような支援をする。住民の求めに応じて行政が支援する。すると住民力みたいなものが生まれてくる。そういう力をつけて欲しいという願いを持っていた。自分たちで自分たちの地域をつくりあげる、生命を守っていくということにほかならない。（インタビュー：2011 年 8 月 26 日）

　米澤は、長年、沢内村職員として社会教育に従事し、後に地域包括医療で有名な沢内病院の事務局長を務めた人であり、加えて、沢内村職員採用試験の際に、深澤村長から直々に質問を受けた経験の持ち主でもある。深澤村長は、採用試験面接が終わり、部屋を出ていこうとする米澤に向かって、「これからの村にとって何が大切だと思いますか？」と問いかけたという。その質問に対して米澤はとっさに「社会教育だと思います」と答えた（インタビュー：2015 年 5 月 3 日）。この時すでに深澤村長の中では、社会教育の必要性が思い描かれていたに違いない。そうであるとすれば、このやりとりは、まさに、深澤村長が考えている「ああしたい」と思っていることを、「じゃあどうすればいいかな」と問いかけ考えてもらおうという場面であったと言えるであろう。

また、旧沢内村の住民自治に関しては、それを継続的に発展させる役割を果たした沢内村社会福祉協議会の働きも忘れてはならない。旧沢内村では深澤村長が逝去した翌年の1965（昭和40）年に社会福祉協議会が発足し、深澤村長の妻ミキが、初代の事務局長を務めている。1971（昭和46）年から社会福祉協議会の仕事に携わり、ミキの跡を受け継いで事務局長も務めた経験のある高橋典成（1947-）は次のように語っている。

　　行政区が13あります。それぞれの地区ごとに福祉懇談会をやって歩いたわけですね。社協の職員と役員とで毎晩歩いた。すると、共通して出てきたのは雪が大変だ。調べてみれば、よくよく話を聞くと3つの状況がうかびあがってくるわけです。
　　第1に、幹線道路は除雪するけれど、一晩で50cmも降れば、そこから自分の家の玄関までの雪かきが大変（であるという状況です）。毎日やらなければならないわけですから。第2が、そこ（＝幹線道路まで）はなんとか自分でやれるが屋根から落ちた雪が積もる、かまくらの中に住んでるような状態なんで、1週間に1回ぐらいは軒先まで積もった雪を取り除く必要（があるという状況です）。そして第3は、福祉サービスはある、デイサービスや移動入浴サービスもある、ところが雪のために福祉サービスを利用できない（というような状況です）。車椅子や寝たきり状態の人の移動ができない。車のところまで移動できない。
　　第1の課題ついては、隣近所の支え合いの活動でやろうと。第3の課題については、行政の責任でなんとかやってもらおう。第2の課題については、ボランティアをつくりやっていきたいということになったんですね。それで「スノーバスターズ」を立ち上げました。1993（平成5）年12月にスタートしました。（インタビュー：2011年8月25日）

　旧沢内村では、太田祖電の教育長時代からおこなわれていた広聴活動が、深澤村長亡き後も地域福祉活動の中で継続しておこなわれていたことがわかる。広聴活動をとおして誕生したスノーバスターズの活動は、一人暮らしで雪かきに困る高齢者の雪かきを支えるボランティア活動として、そのネーミ

ングのユニークさもあり、他の雪の多い地域にも広がり有名になった。しかし旧沢内村では、スノーバスターズの活動が、たんなる雪かきボランティア活動に留まることなく、ボランティア活動に参加する若い世代に、この地域で「生活していく条件づくり」であるという認識を芽生えさせたという（高橋・金持 2009：30）。雪かきに困るということについて、どのような状態で困っているのかを丁寧に聞き取り、課題を整理することにより、それぞれが担うべき役割が明確になる。ここにも「住民自らが立ち上がって、住民自らが組織を作って、住民自らが考えて、住民自らが実行して、足りないところを村が出すという形」があるように思われる。

　太田組電や米澤一男、高橋典成らの語りからもわかるように、旧沢内村が「自分たちで生命を守った村」と言われるゆえんは、生命行政の理念を実現するために、村長だけでなく、村政の実務を担う村職員、地域福祉活動を担う社会福祉協議会の職員、そして地域住民が共に力を合わせ、地域課題をお互いに出し合い、その解決に向けて自ら取り組んできたことによるものなのである。

2　旧沢内村の子どもを尊重する気風

(1) 妊娠期から「村の宝」を育てる

　深澤晟雄には「生命村長」、「なめこ村長」、「ブルドーザー村長」等の愛称があり、その中のひとつに「赤ちゃん村長」というのがある。深澤が村長に就任した年の旧沢内村の乳児死亡率は、出生 1000 に対し 69.3 と全国の約 2 倍弱の高さであった。生命尊重を理念に掲げる深澤にとって乳児死亡率の改善は大きな課題であった。旧沢内村保健婦（現在は保健師）の 1 人であった高橋ミヨ（1926-2013）は、深澤村長が「赤ちゃん村長」と呼ばれるほど赤ちゃんを大切にした様子を次のように語っている。

　　沢内村の乳児死亡率は日本一高い岩手県より高かった。私たち保健婦もなんとかしなければと思いながらも、困ったな、困ったなと。そしたら（深澤）村長さんが、なんとかしなければならない。「生まれた赤ん坊がコロコロ死んでいくようなことがあってはならない」と。その時に岩手県から乳児死亡率

半減運動 10 か年計画という通達があって、さぁとりかかろうということになった。村長さんは、「10 か年ではなく即座にゼロをめざしましょう」とおっしゃった。

　（村長さんは）生まれた赤ちゃんの記録にはみんな目を通しておられた。朝、出勤してくると、私たち保健婦に「赤ちゃん、異常ないですか？」。乳児健診にも行ってみられる。「赤ちゃんがコロコロ死んでいくことはよいことではないですから、みんなで（赤ちゃんの健康を）管理してください。赤ちゃんは親が産んでるんだけれど、親の子どもではなく、村の子どもなんですよ。赤ちゃんは村の宝物だから大事にしてください」といつも言っておられた。

　私たちは必死になりました。その他にも問題はいっぱいあるんだけれど、朝、村長さんに「（赤ちゃんの健康状態に）異常なかったか？」と寝ても覚めても赤ちゃん。村長さんは健診の場にも顔を出されるので、時々、朝、「（健診で出会った）あの時の赤ちゃん、どうなってますか？」と質問される。記録を見ようとすると「あなたの頭の中にある赤ちゃんでいいですよ」と。村長さんの頭の中には寝ても覚めても常に赤ちゃんがあったんじゃないかなと思います。（インタビュー：2011 年 8 月 24 日）

　1961（昭和 36）年 3 月発行の「広報さわうち」には、深澤村長の新年度の施政方針として、「乳児と老令者（ママ）の健康については村が責任をもって行きたい」と力強く記されている。全村民の健康管理をめざし、まずは、社会的な弱者となりがちである老齢者と乳児に対する国民健康保険の 10 割給付をおこない医療費の無料化に着手するということであった。「赤ちゃんは村の宝物」ということが医療費の側面からも具現化されていったのである。

　翌 1962（昭和 37）年の乳児死亡率ゼロという偉業達成に、乳児医療費無料化の果たした役割が大きかったことは言うまでもないが、それだけでなく、沢内村では、1958（昭和 33）年から妊婦健康診査が無料で実施されていたことも見落としてはならない[3]。子どもを大切に産み育てるためには、妊娠期における母胎の健康管理から始める必要があると考えられていたからであろう。高橋ミヨによれば、かつての旧沢内村では、妊婦に対して「妊娠ごときで仕事を休むなんて」という周りからの厳しい眼差しがあったようである。

このようなことも考慮すると、乳児死亡率ゼロを達成できたのは、母胎の健康管理から取り組んだ結果であったに違いない。

(2) 子どもを1人の人間として**尊重**する

　戦後の回復を通じての経済成長が終わり、これからは近代化によって安定的な経済成長をおこなっていく必要があるということから、日本は「もはや『戦後』ではない」[4]と言われた1956（昭和31）年であっても、旧沢内村では、生まれた赤ちゃんが満1歳の誕生日を迎えることすら難しいという現実があった。その過酷な現実を乗り越え、「赤ちゃんは親が産んでるんだけれど、親の子どもではなく、村の子ども」であるとして、「村の宝」を育てるという営みは、健康で丈夫な子どもを育てるということであった。豪雪・貧困・多病多死という三重苦に悩まされた村であったからこそ、子どもが「生きている」ということが、それだけで十分にすばらしいことであると村民は実感したに違いない。「村の子ども」を大切に育てた世代、「村の子ども」として大切に育てられた世代によって、旧沢内村では、生存の絶対肯定に根差した、子どもをかけがえのない1人の人間として尊重するという気風が育まれたと言える。

　このようにして旧沢内村で育まれた、子どもを1人の人間として尊重するという気風は、子どもを、護り育てるという保護の対象や、最善のものを与えるという付与の対象とするだけでなく、子どもを権利行使の主体ととらえ、参加・参画の権利を保障するという形でも具現化されていった。

　たとえば、旧沢内村の長瀬野地区では、「沢内村長瀬野地区集落再編モデル事業」（自治省の集落再編モデル事業）の実施に際して、「実際に部落の将来を担う子供たちは、はたしてどういう部落の未来像を描いているのかを知る必要」があるという理由から、「小学校の先生方とも話し合い、図工の時間に子供たちに部落の将来図を描いてもらうこと」にしたという。その目的は、「子供たちはこういうことを考えている。私たちの計画もこれを一つの柱にしなければ、だれのための部落づくりかわからなくなってしまう。（略）そのためにも、子供たちのさまざまな夢をできるだけ吸い上げ、みんなで検討」（照井 1981：71-72）することにあった。この事業は1971（昭和46）年か

ら 1976（昭和 51）年にかけて実施されたことから、旧沢内村では、子ども参画による「まちづくり」が 1970 年代からおこなわれていたと考えられる。

また、旧沢内村の猿橋地区でおこなわれた「地域を語る会」において、小学生や中学生、高校生が参加し、村のあり方に関する発表において、おとなと同じ時間が保障されていたことを示す 1980 年代の資料も残されている[5]。この会は「地域は将来どうあればよいか、そのために今何をなすべきかなどについて展望を明らかにし、住みよい地域社会づくりに地域民の英知を寄せ集めようとする」ことを目的としておこなわれたものである。

日本では、子ども参画のまちづくりへの関心が高まったのは、滋賀県近江八幡市に誕生した「ハートランドはちまん議会ジュニア」（1996（平成 8）年）や、「杉並区児童青少年センター（ゆう杉並）」（1997（平成 9）年）の中高生による運営委員会等に代表されるように、1994（平成 6）年の子どもの権利条約批准以降のことである。旧沢内村では、それよりも 20 年以上も前から、子ども参画によるまちづくりの取りくみがあたり前のように実施されていたという事実は注目に値することであり、この地域に子どもを 1 人の人間として尊重する気風が根づいていることの証左であろう。

深澤村長の時代から半世紀以上が経った今、町村合併が実施されたが、西和賀町では過疎と少子高齢化には歯止めがかからず、限界集落・準限界集落と呼ばれる地区が出現するようになっている[6]。そのため、地域コミュニティの維持という深澤村長時代とは異なった意味も加わりながら、子どもが「生きている」ということだけですばらしいというように、子どもを 1 人の人間として尊重する気風が連綿と受け継がれていると言えるのである。

3　生命尊重を基底にした地域養護活動

『平成 21 年版　高齢社会白書』には、「世代間の連帯を強化し、地域社会の機能の活性化を図っている事例」として、西和賀町で虐待を受けた子どもたちを地域ぐるみで受け入れる取り組みが掲載されている。「豊かな自然の中で、子育てを含む人生経験の豊かな高齢者のいる家庭で過ごすことで、子どもたちの凍てついた心をじっくり溶かしていくことが狙い」（内閣

府 2009：63-64）であると紹介されている。

　旧沢内村におけるこのような取りくみは、社会福祉法人岩手愛児会　みちのく・みどり学園が虚弱児施設であった時代に、子どもが夏休み期間中の約1週間を、旧沢内村で生活するという1980年代の夏季転住の取りくみから始まったものである。

　ここでは、児童養護施設みちのく・みどり学園と、第3章で取りあげることになる、旧沢内村でおこなわれてきた地域養護活動である2つの事業について簡単に紹介する。なお、この本では地域養護活動を、「普段、生活している児童養護施設から離れた地域で、施設の子どもが、施設職員と地域住民等と共に、その地域ならではの暮らしを経験できるよう、おとなたちが協働して子どもを養護する諸活動のこと」とする。

(1) 児童養護施設みちのく・みどり学園

　児童養護施設みちのく・みどり学園（以下、「みどり学園」とする）は、岩手県盛岡市の郊外に位置しており、「みちのくこども療育センター」を構成する3つの施設[7]のうちの1つである。みどり学園は、「開拓的、先駆的、受容的」という伝統が受け継がれた社会福祉法人岩手愛児会によって運営されている。その近傍には「岩手県立盛岡青松支援学校」があり、必要に応じて同校との連携もはかれるようになっている。本園は定員63名（内小規模グループケア定員6名が2ヵ所）、地域小規模児童養護施設は定員6名が3ヵ所、職員数47名であり、合計で52名の子どもが生活している（2017年8月1日現在）。

　みどり学園は、1957（昭和32）年に当時の児童福祉法上の虚弱児施設として誕生した。その頃の結核罹患児は、おとなと同じ病院の片隅に入院し、治療を受ける医療の対象者でしかなかった。そのため、子どもに「医療と福祉と生活指導と教育の連帯の下で、病気を治しながら教育を受けられ、生活の場も保障される」（石川 2008：227）施設が必要であるという関係者の切なる願いを受けて誕生したのである。開設当初から数年は、入所児はすべて結核罹患児であったが、徐々に、心臓や腎臓、喘息等の慢性疾患児が増えるようになった。そして、1997（平成9）年の児童福祉法改定（1998年施行）を受

けて児童養護施設になってからは、被虐待児の入所が増え、現在では入所児のおよそ8割を占めるようになっている。

みどり学園の第3代園長であった小児科医の石川敬治郎によれば、療育とは、「子供たち自らが病と闘いながら療養するという、子供たちの主体的行為であり、育は、自ら育ってゆくという意味での、同じく子供たちにとっての主体的なもの」（石川 2008：85）としてとらえられている。したがって、療育にかかわるおとなには、子どもの育ちを阻害しているおとな自身の「内なるもの外なるもの」を知って、それを「除去する行動」（石川 2008：68）をとることが求められた。

岩手愛児会の基本姿勢である「子どもこそ原点」という言葉の意味にも、上記のような、おとなのありようを厳しく問う姿勢が表れている。子どもを原点にするというのは、たとえば子どもが問題行動を見せた場合、それを正すことは必要であるが、「必ず一度は"子どもには責任はない"ということを自らに言い聞かせて、そこに原点と言おうか、出発点を置いて考えたり、対応」（石川 2008：113）したりすることなのである。

このように見てくると、みどり学園は、虚弱児施設の時代から今日に至るまで、一貫して、子どもを主体的行為の担い手とする立場から、子どもの権利保障を大切にしてきた施設であると言える。

(2) 児童養護施設の児童を年間を通してホームスティさせる事業

児童養護施設の児童を年間を通してホームスティさせる事業（以下、「ホームスティ事業」とする）は、旧沢内村の地域住民が、児童養護施設で生活している子ども2人を、週末、自宅に1泊2日の日程で受け入れ、子どもに家庭生活を体験する機会を提供する事業であり、里親制度の中で実施されている短期里親としての週末里親とは異なる。

旧沢内村では、NPO法人 輝け「いのち」ネットワーク[8]（以下、「いのちネット」とする）が中心となり、2008（平成20）年5月から本格的に実施されている。被虐待児の「人間復興には地域の生活体験が必要」であるため、「『人・自然・文化』に恵まれている西和賀で（略）、子どもたちの優しさを育んでいく」（NPO法人輝け「いのち」ネットワーク 2010：2）ことを目的と

している。

　ホームスティ事業に参加する頻度は子どもによって様々である。1回限りの参加になる子もいれば、複数回、参加する子もいる。複数回にわたって参加する子であっても、常に同じペアで参加するというわけではなく、常に同じホストファミリーに滞在するというわけでもない。滞在中は、それぞれのホストファミリーの家庭生活をベースにして、子どもの希望も聞きながら暮らしが展開されるため、子どもの経験は一様ではない。クッキーづくりをする子、卵焼きの味つけをする子、町のスキー場でそり遊びをする子、漫画を読む子、牛を見に行く子、地元の子と一緒に保育所の運動会に参加する子、ホストファミリーの近所の子と遊ぶ子等である。お風呂を洗う、テーブルの上に食器を並べる、料理をする等のお手伝いも経験する。時には自分の家族の話を始める子がいたり、仏壇や振り子時計の時報を告げる音を怖がる子もいたりするという。『平成21年度　高齢社会白書』によれば、2008（平成20）年5月から当該年度中に「延べ100人の子どもたちが体験している」と報告されている。

(3) 全国・西和賀まるごと児童養護施設事業

　全国・西和賀まるごと児童養護施設事業は、2003（平成15）年度に「沢内村子育ち・子育て支援会議」（2002（平成14）年発足）を開催者として旧沢内村で始められた、「全国・さわうちまるごと児童養護施設事業」が発展したものである。町村合併以降は、「全国・西和賀まるごと児童養護施設事業」（以下、「まるごと事業」とする）と名称変更され、2007（平成19）年からは、いのちネットが主催し、地域住民ボランティアや東北地方の児童養護施設、情緒障害児短期治療施設で実行委員会を組織して実施されてきたが、2012（平成24）年の第10回の開催をもって終了となった。

　「全国・さわうちまるごと児童養護施設事業」の始まりに関して、村外から主催団体の幹事として関わることになった藤澤は次のように述べている（藤澤2004：58-59）。

　　虐待を経験した子ども達が村の人・自然・文化（暮らし）にふれるなかで、

えも言われぬ表情をみせ安堵の気持ちにさせられる。今年度、沢内村では民間団体主導で、沢内村を子育て支援日本一の村を目さし「沢内村子育ち、子育て支援会議」を立ち上げ、私も村外から1人だけ幹事に任命された。（略）今回、村のこの支援会議が夏季転住の経験を糧に、全国の児童養護施設の子ども達を招いて、村自体の子育て支援のフィールドをまるごと提供する事業を試みた。

　東北地方の児童養護施設から参加する子どももいるが、参加者は、関東地方の異なる児童養護施設で生活する子どもが中心である。施設の職員が子どもと共に参加することも認められていないわけではないが、1人で参加する子どもがほとんどである。旧沢内村の保存家屋「清吉稲荷[9]」を宿泊拠点として、「ふすま1枚で男女を区切り、トイレは共同で順番に使い、水を使いすぎると枯れてしまい、裸電球の明かり一つでみんな一緒に食事」（高橋 2015：61）をするというような、普段の生活とかけ離れた4泊5日の共同生活をおこなう。食事の配膳や片づけ、宿舎の清掃、水汲み等における地域住民の協力、また、保育所ボランティアの受け入れや川下り体験等における地域住民の協力を得て、農業体験や自然体験、ゴムボートでの和賀川下り等、様々な体験活動をおこなう。毎年15人前後の子どもが訪れ、「中には西和賀町を第二の故郷と慕い、毎年参加してくる子ども」（高橋 2015：61）もいたという。
　たとえば、第10回のまるごと事業（2012（平成24）年）では、関東地方の児童養護施設から14人、東北地方の児童養護施設から2人の合計16人の小中学生が参加しており、ほとんどが子どもだけの参加であった。プログラム内容はこれまでの事業で一定の形式が確立されているが、事前にすべてが決められているわけではなく、子どもの自発的な思いを大切にするために、その年に参加した子どもの様子を考慮して柔軟に決定することになっていた。
　地域養護活動であるホームスティ事業やまるごと事業の実際については、第3章でエピソードを用いて紹介する。次の章では、地域養護活動にかかわるインタビューや参与観察の方法、それらをとおして得られたエピソードの分析方法、調査の際の倫理的配慮について述べる。

保健婦地域包括医療の原点 ── いちごの家：障がい児者の自立支援

　誌上やテレビ等で事故や事件、いじめで自死などの報道があるたびに悲しい思いに心が痛む。自然災害も多い昨今、命の重みについて考えさせられる。同じように生を受けながらも亡くなっていった人たちの思いを。

　厳しい自然環境と無医村時代が長かった我が村。そんな時に立ち上がった村長、故深澤晟雄。亡くなっていく赤ちゃんたちを見て、「赤ちゃんは村の宝もの、個人のものではないんだよ、沢内の宝ものなんだから大事にしなさいよ」と言葉をかけられてきた先輩保健婦たち。猛吹雪の日、山の炭焼き小屋から生後1ヶ月児を必死で里まで連れ戻した彼女らのエピソードがある。もし私だったら無事に救い出せただろうかと、その光景が想像される。

　条件や環境が整っていれば子どもは大きくなるだろう。でも大部分の親は、悩みながらもわが子が元気に逞しく、賢く成長する事を願うのではないか。私たちは、訪問や健診、親たちからの発達相談等で「おや？」と心配が見つかった時、乳幼児発達相談員の我妻先生（岩手大学）や、40年以上の間、小児科嘱託医であった故石川敬治郎先生（みちのく・みどり学園長）の診断を経て、障がい幼児母子通園事業『子育て教室──いちごの家』での取りくみをした。これはモンテ遊具などを使用し、落ち着いた環境の中で伸びのびと小グループの子ども同士が遊ぶ姿を観察し発達を促すという、月8回のこども集会と月1回の母子通園の学びの会である。小学校入学を視野に入れ、子どもの能力が最大限に発揮されるよう早期からの対応をおこなうことを狙いとしたものであった。1983（昭和58）年からの保母と保健婦の実践活動であり、それなりの効果を得られたと思っている。

　一方、地域には、障がいを持った人たちも居た。家族の心配を聞き、生きていく支えを模索すべく、彼らを家から一歩外へ出そうと社協と共に親たちへ呼びかけた。半年間雪に閉ざされている沢内は、病人が出た時や死亡診断書を貰う時、春に茅葺き屋根を普請する時等、「結いっこ」（助け合いの生活）をしてきた経緯があり、呼べば応える住民が多かった。1970（昭和45）年障がい者親の会結成後、1972（昭和47）年から2年間、親子日曜学級月2回開設、1976（昭和51）年から在宅心身障がい

児者通苑事業「いつくし苑」月2回から村の事業とし開設、1985（昭和60年）福祉共同作業所「いつくし苑」として週5日開所に至り、村内企業や婦人会、老人クラブ、民生委員等多くの住民の協力があり作業所が維持され、その後、自立に向けた授産施設として2002（平成14）年法人化され今年で15年目を迎えた。障がいは、いつ何処の家に授かるか分らない。なかには40歳を過ぎて仲間に交わり、言葉を習得した女の人もいた。私たちは、誰でも発達・成長する事を確信できた。住民は皆家族。特にも弱い立場に置かれがちな人たちを大事に、の気持ちで活動してきた。思えば多くの方々の真心と、保健・医療・福祉・教育の連携があったから今に繋がっていると思っている。

　沢内の地域包括医療の目的は、幸福の原動力である健康を理想的に養護すること。目標は「健やかに生まれ」「健やかに育ち」「健やかに老いる」としてきた。今も小・中学校の生徒たちは、文化祭の演劇などを通して命の尊さを継承している。「いのち」とは、未来に繋ぐもの。たった1つの大事なものとして。（深澤久子）

深澤語録から見える子ども観

　「人命の格差は絶対に許せない」「人間尊重・生命尊重こそが政治の基本でなければなりません」という信念のもと、全国に先駆けて乳児と老人の医療費無料化を実現し、全国初の乳児死亡率ゼロを達成した旧沢内村の故深澤晟雄村長の精神は、半世紀を経過してなお健在である。

　奥羽山系の中腹にあって「雪と貧乏と多病」の三悪追放を目指した「深澤生命行政」は1957（昭和32）年のスタートで、2期8年間であったが、その業績と深澤語録は生命軽視の風潮にさらされる今日、多くの示唆を与えてくれる。

　我が家の目前に位置する沢内小学校では深澤語録の暗唱に取り組んで久しい。毎年秋の学習発表会では全校児童による発表があり、時には「いのち」をテーマにした演劇発表も行われる。さらに中学校では毎年、中央から劇作家を招いて本

格的な「いのち」の演劇指導が行われ、文化祭の舞台発表はよく知られている。
　また、我が家に隣接して放課後に集う学童クラブがある。車庫の一角に洗車用に沢水を引いた水道があり、その蛇口は学童の遊び場に開放している。その日はいつもの服装と違う私に、蛇口に集う子らから「どこ行くの？」と声がかかった。「深澤晟雄資料館に行くよ」と言ったら「深澤晟雄！知ってるよ！」との声に、「赤ちゃんを守った人！」「みんなの命を守った人！」と口々に目を輝かせて寄って来た。学校で深澤語録を暗唱している成果を誇らしげに語る姿に深い感動を覚えた。
　そういえば深澤生命行政を支えた地域包括医療計画の目標に「すこやかに生まれ、すこやかに育ち、すこやかに老いる」があった。この子らはその目標の「すこやかに育つ」真っ盛りなのだ。しかし、全国的には今、いじめや自殺、虐待や不登校などの言葉にさらされている。そんな中で学童の子らは「いのち輝く沢内っ子」の姿を見せてくれた。
　その子らの姿には、地域が誇る「人・自然・文化」が織りなす教育力と家庭・地域・学校が一体となった地域力が感じられる。それこそが岩手が誇る教育振興運動なのだと「いのち輝く沢内っ子」から教えられた思いである。
　学童の子らと触れ合う中で感動の出会いが多い。学童施設の裏に我が家のソバ畑があり、種まき後は野鳥の恰好のえさ場となる。防鳥網を張っても忍び込む小鳥がいる。そんなある日、「小鳥が網に引っ掛かっている」と我が家に駆け込んできた女の子がいた。「よし分かった。悪いことをする小鳥は懲らしめてやろう」と言って現場に走った。
　しかし、その女の子は「この小鳥はお腹が減ってソバの実を食べようとしたけど、網にかかって中に入れず、一粒も食べていません。だから、悪いことしてないから放してあげて！　お願いです！　小鳥の命を助けて！」と懇願されては「そうだね。小鳥にも命があるんだよね」と丁寧に網から放してやった。
　実は、私は深澤晟雄資料館のスタッフで、生命尊重の深澤理念を語る機会が多いが、常にこの子らの姿を背にしている。深澤語録を口にし、実践する「いのち輝く沢内っ子」に深澤精神を託せる幸せを感じている。（米澤一男）

【深澤語録】

・私たちははげしく戦争を呪います。人を殺して得られる幸せなど断じてあり得ません。最大の人間苦をもたらす最大のものは戦争であります。(1957（昭和32）年戦没者追悼式の挨拶で）

・本来は国民の生命を守るのは国の責任です。しかし、国がやらないのなら私がやりましょう。国は後からついてきますよ。(1960（昭和35）年「医療費無料化は法律違反」に反論して）

・政治の中心が生命の尊厳・尊重にあることを再認識し、生命尊重のためにこそ経済開発も社会開発も必要なんだという政治原則を再認識すべきであります。(1965（昭和40）年　岩手放送ラジオで年頭のあいさつ～そして1月28日帰らぬ人に～）

(深澤晟雄資料館編集資料「深澤語録集」より抜粋)

【注】

1　沢内村の就業者の割合は、2000（平成12）年には第1次産業826人、第2次産業658人、第3次産業794人となり、第1次産業就業者は、1965（昭和40）年の2,049人の半分以下となっている（湯田町沢内村任意合併協議会2003：10）。

2　合併以前のそれぞれの町村の人口は、1960（昭和35）年では湯田町12,913人、沢内村6,451人であったが、徐々に減り続け、2000（平成12）年には湯田町4,009人、沢内村3,974人となった（湯田町沢内村任意合併協議会2003：7）。

3　第3回沢内村健康管理研究会（1962（昭和37）年12月17日）の資料「沢内村の健康管理状況（昭和37年）」に「1. 毎週水曜日妊産婦無料健診（昭33年より）」と記載されていることから、旧沢内村では1958（昭和33）年から妊婦健康診査（妊婦健診）が無料でおこなわれていたことがわかる。妊婦健診は、母子保健法第13条により、市町村が必要に応じておこなうものとされている。現在では妊婦健診は、その公費負担について地方財政措置が講じられ（2013（平成25）年度より）、子ども・子育て支援法に基づく、地域子ども・子育て支援事業として位置づけられるようになった（2015（平成27）年度より）。しかし、その実施主体が市町村であるため、厚生労働省「妊婦健康診査の公費負担の状況にかかる調査結果について」(2016（平成28）年7月）によれば、今なお、各市区町村間で公費負担額に差が生じているのが現状である。

4　旧経済企画庁が1956（昭和31）年に発表した『経済白書』（副題：日本経済の成長と近代化）の結語に記された文言である。

5　「昭和60年度　猿橋地区地域を語る会（昭和61年2月16日）長瀬野会館（主催：猿橋地区教育福祉活動推進協議会）」によれば、この会は10：00～16：00まで開催されており、「小学校5、6年生は原則として午前中のみとする」となっている。また、「私の考えるむらづくり」

と題する発表は次のようにおこなわれている。「＊1人5分以内の発表とする。＊発表内容は、特にテーマにこだわらず、自由な発想で特に訴えたいこととする。＊発表順は、青年、婦人、壮年、老人、小学生、中学生、高校生、教師（小、中、高）、消防団、PTAの順とする」。2016（平成28）年8月26日におこなった地域のNPO法人運営委員に対するグループインタビューにおいても、1960年代後半から子どもも交えて世代間交流会が開催され、地域課題の掘り起こしがおこなわれてきたことが語られている。

6 西和賀町では、39集落中、限界集落（65歳以上の高齢者が地域の過半数を占める集落）が3集落で全体の8％、準限界集落（55歳以上の人口が地域の過半数を占める集落）が28集落で全体の71％を占めている（西和賀町議会広報編集委員会 2009）。

7 みちのく療育センターは、児童養護施設「みちのく・みどり学園」、児童心理治療施設（2017（平成28）年3月までは情緒障害児短期治療施設）「ことりさわ学園」、医療施設「もりおかこども病院」の3施設から構成されている。

8 2008年1月にNPO法人格取得。「人命に格差があってはならない」という旧沢内村の生命尊重の理念を基底にし、すべての人々の「いのち」が輝く活動をめざしている。子どもの「いのち」が輝く活動として社会的養護が必要な子どもを地域で支える活動、「いのち」の継承活動として生命行政の検証活動をおこなっている（『里親いわて』第33号を参照して記載）。

9 旧沢内村の深澤晟雄村政時代に保健課長を務めた高橋清吉の生家である。かつては西和賀町が所有していたものであり、近くに稲荷神社があることから、地元の人によって「清吉稲荷」と呼ばれて親しまれてきた。築112年を経て老朽化が激しくなってきたことから、2014年度中に解体が決まっていたところ、台湾の財団法人大河文化基金会から移築の申し入れがあった。同団体と西和賀町が協議した結果、たんなる古民家移築ではなく、生命尊重の理念がこもる古民家として台湾へ移築されることになった。

【引用文献】

藤澤 昇（2004）「みどり学園新療育記――地域での子育ち子育て支援」高木紘一・今野順夫・砂山克彦編『福祉の現場――実践と発信』伊藤博義先生古稀記念論文集，信山社，53-85．

石川敬治郎（2008）『どの子もすこやかに―― 一小児科医の心の軌跡』「どの子もすこやかに」刊行委員会．

内閣府（2009）『平成21年版 高齢社会白書』．

西和賀町議会広報編集委員会（2009）『西和賀議会だより No.13』．

NPO法人輝けいのちネットワーク（2010）『平成21年度いわて保健福祉基金助成事業 児童擁護（ママ）施設児童を年間を通してホームステイさせる事業 ホームステイの記録』．

高橋伸広（2015）「清吉稲荷の思いで その三 清吉稲荷での活動」小野寺 聡・瀬川 強・高橋光世編『古民家清吉稲荷の記憶』西和賀エコミュージアム，61．

高橋典成・金持伸子（2009）『医療・福祉の沢内と地域演劇の湯田：岩手県西和賀町のまちづくり』居住福祉ブックレット17，東信堂．

照井覚治（1981）『むらづくり一筋――東北の寒村に燃える希望の灯』清文社．

湯田町沢内村任意合併協議会（2003）『湯田町沢内村まちづくり将来構想（案）―― 新しい時代の「結（ゆい）」によるまちづくり』湯田町沢内村任意合併協議会．

第2章 地域養護活動の現実に分け入る

　この章では、地域養護活動にかかわるインタビューや参与観察の方法、それらをとおして得られたエピソードの分析方法、調査の際の倫理的配慮について述べる。その出発点には、私たちが「現実」と呼んでいるものをどのようにとらえるのか、という問がある。普段、あまり思いをめぐらすことのない現実のとらえ方についてあらためて考えたい。

1　現実のとらえ方

　現実は、誰の目にも同じように映っているわけではない。なぜなら私たちは、いわゆる日常的な生活世界の他に、夢の世界や空想の世界等、様々な世界の住人であるからだ。したがって現実とは、いくつもの層が折り重なっており（多層的）、それぞれの層には、その層を生じせしめているいくつもの根源がある（多元的）と考えられる。

　現実は、このように多元性を帯びた多層性を特徴としてもっている。そして私たちにとっての現実は、自分と自分をめぐる「ひと・もの・こと」との様々な関係が網の目のように編まれたものであり、その網の目の関係は一瞬たりとも同じではない。したがって私たちが感受する現実とは、私たちそれぞれにとっての「いま・ここ」で生起する、関係の網の目の連続によって構築されているものであると理解できるであろう。

　仮に現実というものが、いつも一定していて変わらないものであるとすれば、それは、いつ、どの時点ですくいあげても同じであろう。しかし現実は、一瞬たりとも同じではない関係の網の目のように編まれたものであるから、現実をそのようなものとしてすくいあげるには、当事者の目に映る動的な生の断面を、当事者の主観を重視する「生きられた経験」として記述する以外

に方法はない。当事者の主観を重視するということを、「幻聴」を例にあげて説明すると次のようになる。

通常、幻聴とは、実際には音がしていないのに、聞こえるように感じることだと理解されている。しかし、幻聴を体験している当事者にとっては、声が聞こえるように感じているのではなく、実際に声が聞こえているのである。幻聴はその人固有の意味世界において生じている主観的事実である。幻聴を生きられた経験としてとらえるならば、声の存在を否定するのではなく聴こえた声、すなわち、「聴声」と位置づけ（日本臨床心理学会 2010）、当事者が語るその声に耳を傾けなければならない。

当事者の主観を重視するという姿勢を地域養護活動に即して言えば、地域養護活動に参加する子どもやスタッフの声に耳を傾けて、自分と自分をめぐる「ひと・もの・こと」の多様な関係の網の目をどのようにとらえているのかを明らかにするということである。そのためこの本では、アンケートのような量的調査によってではなく、半構造化インタビューや参与観察による質的調査をとおして得られたデータを分析の対象としている。

2　データ収集の方法

(1) インタビュー

インタビュー調査は、インタビューをする人とインタビューに協力する人によって構成されている。このような構図からは、調査者が発する質問に調査協力者が答えるというような場面が想定されるかもしれない。しかし実際には、そのような一方向的な関係になるとは限らない。調査協力者から調査者に向けて質問が発せられ、調査者がそれに答えることもある。また、複数の調査者と複数の調査協力者によるインタビュー調査では、調査者同士、あるいは、調査協力者同士で応答が生じる場合もある。さらに、同じ質問を同じ調査協力者に投げかけたとしても、質問をする調査者が変われば、調査協力者の答が変わることもある。なぜなら調査者の存在が、調査協力者の答に影響を与えるからである。調査協力者の語りは、調査協力者と調査者によって共同生成されたものであり、その点において社会構築的な性格を免れ得な

表2-1 地域養護活動に関するインタビューの概要

調査日	インタビュー形態	調査協力者	調査場所
2011年8月25日	グループインタビュー	ホストファミリー3名「いのちネット」関係者1名	長瀬野会館
2011年8月27日	グループインタビュー	みちのく・みどり学園在園児2名	みちのく・みどり学園
2012年2月19日	グループインタビュー	ホストファミリー6名「いのちネット」関係者1名	長瀬野会館
2012年8月26日	個人インタビュー	まるごと事業スタッフ1名	「清吉稲荷」
2015年5月4日	個人インタビュー	「いのちネット」関係者1名	「いのちネット」事務所

い。このような特徴は、地域養護活動関係者へのインタビュー調査においてもあてはまる。

　第3章で記述しているエピソードに関するインタビュー調査は、2011年8月、2012年2月、2015年5月に実施した。調査協力者は、ホームスティ事業やまるごと事業において児童養護施設の子どもを受け入れた旧沢内村の地域住民と、まるごと事業のスタッフ、そして、それらの事業を経験した子どもである。いずれにおいても、それぞれの事業に対する思いや子どもとのかかわりに関する質問等を切り口にして、調査協力者に自由に語ってもらい、適宜、調査者が質問をするという半構造化インタビュー調査をおこなった。

　2015年5月4日、2011年8月27日のインタビューは、ICレコーダーに録音し、それ以外はICレコーダー等に録音せず、その場でメモを取り、調査終了後、時間をおかずにフィールドノーツを作成した。調査の概要については表2-1を参照されたい。

(2) 参与観察

　参与観察は、調査者が「その場」に赴き、そこに生きる人たちの意味世界を、当事者の視点から理解するための方法である。従来、参与観察では、1次資料の入手にあたり客観性を保つために、調査者は調査協力者と一線を画す必要があると言われてきた。たとえばそれは、「一歩距離をおいた関与」や「客観性を失わないラポール」（佐藤 1992：145）と言われるスタンスである。しかし実際には、調査者が調査協力者と一定の距離を保っていたとしても、その

現場に存在しているということ自体が、調査協力者に何らかの影響を与えている。また現実を、動的な関係の網の目としてとらえている以上、調査者と調査協力者はつねにすでに相互行為を繰り返していることになる。したがって、参与観察で入手するデータも、インタビュー調査において得られるデータと同様、調査者を含めた、その場に居合わせた人たちによって共同生成されたものであり、その点において社会構築的な性格を免れ得ないものである。

　地域養護活動への参与観察においても、入手するデータは、調査者を含めた、その場に居合わせた人たちによって共同生成されたものである。そのため、調査者の存在がその場に与えた影響の質と程度を事前に明らかにしておくことは、第3章のエピソードを理解する上で必要であると思われる。そこで、地域養護活動への参与観察をおこなった調査者の立場性を記しておくこととする。すなわち調査者は、子どもの目にどのように映っていたのかということである。

　地域養護活動では、まるごと事業であれホームステイ事業であれ、子どもの周りにいるおとなは、それぞれの事業スタッフ、及び、ボランティアスタッフであり、事業に関して何らかの役割を担っている人である。また、地域で偶然に出会うおとなは、そのほとんどが旧沢内村の地域住民である。一方、調査者は、地域養護活動に参加したが、特定の役割を担っていたわけではなく、ましてや旧沢内村の地域住民でもない。調査者が子どもの前で自己紹介をする時には、名前と住んでいるところ、そして「みなさんの遊ぶ姿を見にきた」というように簡潔に話をしただけであった。このようなことから調査者は、子どもの目に「役割の曖昧な他者」として映っていたと思われる。

　まるごと事業の参与観察は、2012年の8月に実施した。宿泊場所は子どもやスタッフ、ボランティアスタッフと異なっていたが、食事も含めて参加者と同じプログラムを体験した。1日めはオリエンテーション、2日めは自然探索や川遊び、3日めは保育所班とごみ拾い班に分かれてのボランティア活動、4日めは、西和賀町の環境保全や自然体験活動等に取りくんでいるボランティアによって実施されたゴムボート川下り、5日めは宿舎の清掃とお別れの会であった。

　その日のプログラムとスタッフやボランティアスタッフによる振り返りが

表 2-2　地域養護活動に関する参与観察の概要

調査期間	事業名	調査場所
2012 年 2 月 18 日～19 日	ホームスティ事業	長瀬野会館
2012 年 8 月 22 日～26 日	まるごと事業	清吉稲荷・長瀬野会館・渓流・和賀川・保育所等
2013 年 8 月 24 日～25 日	ホームスティ事業	ホストファミリー宅
2014 年 2 月 8 日～9 日	ホームスティ事業	ぶなの森自然塾さそう館
2014 年 9 月 6 日～7 日	ホームスティ事業	ホストファミリー宅・保育所

終わった後、時間をおかずにフィールドノーツを作成した。

　ホームスティ事業の参与観察は、2012 年 2 月、2013 年 8 月、2014 年 2 月と 9 月の計 4 回、実施した。子どもを受け入れているホストファミリー宅等を訪問し、日中の数時間を子どもと共に過ごした。調査者から積極的に子どもに働きかけることはせず、子どもからの誘いかけがあれば、一緒に虫とりやトランプをして遊んだ。

　調査終了後、時間をおかずにフィールドノーツを作成した。調査の概要については表 2-2 を参照されたい。

3　エピソード分析

(1) エピソード記述

　自分と自分をめぐる「ひと・もの・こと」との様々な関係が網の目のように編まれており、しかも、その関係は一瞬たりとも同じではない現実に生きるとは、たとえば次のような子どもの姿であろう。

　砂場で遊ぶ子どもの間で小さな一輪の手押し車の取りあいになり、「貸して」、「やだ、使い始めたばかりだもん」、「みんなのものなのに、（独り占めするなんて）ずるい」等と今にも手が出そうな言い合いになる。そのうち 2 人は、じっとうつむいたまま何も言わなくなり、しばらくの間、沈黙が続く。しかし 1 人が、小さな声で「（使って）いいよ」とつぶやくと、「一緒だよ（＝一緒に使おう）」ともう 1 人がニコッとする。

　このように、生の現実に生きる子どもの育ちとは、「自らと異なったひと、こと、ものとの接触の中で、異物を受け入れたり、反対に拒否したり、記憶

のなかに蓄えたりすること」(大田 2013：309-310) をとおした、新たな自分の創造であると言える。子どもが育つ場面、言い換えれば、子どもにとって新たな自分が創造される場面では、独特の雰囲気をもった空間や時の流れが生じており、立ち会った者はそれを感受することがある。鯨岡 (2015) はこのような時空間を「接面」と呼んでいる。子どもの育ちに立ち会った者が感受している接面では、喜怒哀楽に関わる情動が行き交い浸透しあっている。しかしそれは、目に見えるような明確な形を伴っているわけではなく、感受されて初めて存在することになる。しかも接面では、そこに立ち会った者が必須の構成要素となる。したがって、接面で行き交い浸透しあっている情動を感受するには、自らの身体に耳を澄ませ、そこに関与する者の経験を当事者の視点からとらえる姿勢が求められる。

　このような接面を他者と共有する方法の1つがエピソードである。なぜならエピソードは、その場に生きる人を生き生きと蘇らせるために、経験したことの全体から印象深かったことを切り取って提示できるからである。それゆえエピソードは、情動の動きが重視される保育実践の場で、保育者が自らの保育を振り返る資料としてしばしば用いられてきた経緯がある。そして、子どもとのかかわりで感受した接面を記述するエピソードでは、それを記述する者と子どもの育ちに立ち会った者は、同じ人物となっている。

　しかし、地域養護活動の調査では、子どもの育ちに立ち会った者というのを、必ずしも、子どもに直接、かかわった者だけに限定していない。なぜなら、子どもが新たな自分を創造する場面を他者から「聞く」、あるいは、他者とかかわる子どもが新たな自分を創造している場面を「見る」というような場合であっても、聞いた者や見た者が、時として、子どもの育ちに立ち会い接面を感受すると考えられるからである。

　このように見てくると、接面をエピソードとして文字に定着させる人（以下では「記述者」）は、関わり手である場合と、関わり手と異なる場合に分かれることに気づかされる。そこで、最初に前者の、記述者が関わり手である場合から考えることにしたい。

　記述者が関わり手であるということは、同一人物が二重の役割を担うということを意味する。すなわち、実際場面で子どもとやりとりをする関わり手

である自分と、関わり手である自分を含めた接面全体を俯瞰する（＝メタ観察する）自分である。そのためエピソードでは、関わり手である自分、記述者としてメタ観察する自分、子どもという3者の喜怒哀楽に関わる情動が行き交っている接面が記述されることになる。その際、関わり手と記述者が同一人物でありながら役割が異なっているため、関わり手である自分とメタ観察する自分とが若干の距離をとりながら、関わり手が経験した事象をあくまでも忠実に記述することが求められる（鯨岡 2005）。したがってエピソード記述では、記述者の主体性が大切にされることになる。

　次に、記述者が関わり手と異なる場合について考える。記述者が関わり手と異なるということは、記述者が子どもと直接的なやりとりをしていないということを意味する。しかし、先に指摘したように、その場に立ち会っていなくても、子どもが新たな自分を創造する場面を他者から聞く、あるいは、そのような場面を見ることをとおして、聞いた者や見た者が接面を感受する場合がある。そのため、聞いた者や見た者が記述する役割を担ったエピソードでは、関わり手、記述者、子どもという異なる3者の喜怒哀楽に関わる情動が行き交っている接面が記述されることになる。また、この場合においても、エピソードを記述する際、記述者による接面の感受が前提となっているのであるから、記述者の主体性が大切にされることになる。

(2) 個別具体から普遍へ

　エピソード記述とは、記述者が関わり手であるかどうかにかかわらず、接面における独特の雰囲気をもった空間や時の流れを感受した記述者が、自分の身体に耳を澄ませ、子どもや関わり手の心の動きをあるがままに表現することである。では「あるがまま」に表現するとは、どのような「現実」を記述することなのであろうか。現実に相当する言葉には「リアリティ」と「アクチュアリティ」があり、両者を「対立概念として」とらえている木村（2000：13）は、次のように述べている。

　　同じように「現実」といっても、リアリティが現実を構成する事物の存在
　　に関して、これを認識し確認する立場から言われるのに対して、アクチュア

リティは現実に向かってはたらきかける行為のはたらきかけそのものに関して言われることになる。

　すでに述べたように、喜怒哀楽に関わる情動が行き交い浸透しあっている接面を他者と共有する方法の1つがエピソードであり、エピソードでは記述者の主体性が尊重されるのであるから、エピソード記述では、リアリティではなくアクチュアリティを追及する姿勢が求められていると言える。
　エピソード記述は、接面が生じている「いま・ここ」のアクチュアリティを追及しているため、その特徴として、個別性と一回性をあげることができる。エピソード記述における個別性とは、接面が、他でもないその子ども、その関わり手、その記述者によって創造されているため、記述されたエピソードに同じものは1つとしてないということである。また、エピソード記述における一回性とは、エピソードに同じものは1つとしてないため、記述されたエピソードは2度と繰り返されることはなく、唯一のかけがえのないものであるということである。
　このようにエピソード記述は個別性と一回性という特徴をもつため、エピソード記述をもとにした研究は恣意的なものであり、「科学的」ではないという批判を受けることがある。では、どのような要件を満たせば科学的であると言えるのであろうか。
　科学の要件は、客観性と再現性であると言われている（濱田 2011）。客観性とは、たとえば、液体の水が温度によって固体や気体に変化する現象を調べようとした際、熱い・冷たいといった個人的な感覚に頼るのではなく、温度計を用いて誰が測っても同じ温度が得られるということである。また再現性とは、たとえば、ある日、液体の水を0℃まで冷やせば氷になり、100℃まで加熱すれば水蒸気になるならば、別の日に、同じ条件の下で同じ手順にしたがえば同じ結果が得られるということである。
　確かに、個別性と一回性という特徴をもつエピソード記述は客観性と再現性という点から言えば科学の要件を満たしていない。しかし、エピソード記述をもとにした研究を科学的ではないと言い切れるのであろうか。鯨岡（2005）の議論を参照しながら、提示される事実をめぐる妥当性という観点から考え

てみたい。

　先に述べたように科学の要件は客観性と再現性であった。それは、主観に左右されず、同じ条件の下で同じ手順にしたがえば同じ結果が得られるということであった。その際、重視されるのは、提示される事実それ自体というよりも、むしろその事実がどのような手続きによって得られたのかということである。客観性と再現性が担保されていると見なされている手続きよって得られた事実であれば問題がないし、担保されていないと見なされている手続きによって得られた事実であれば問題があると理解される。つまり、提示される事実の妥当性は、その事実を入手する際の方法としての手続きの妥当性に比例すると言える。

　一方、個別性と一回性を特徴とするエピソード記述をもとにした研究の妥当性は、エピソードがどの程度のアクチュアリティをともなって読み手に受けとめられるかによって判断される。その際、読み手が類似の体験をもっているのかどうかによって大きく２つに分かれる。

　読み手が類似の体験をもっている場合は、エピソードに描かれた世界を抵抗なく受けいれられる、時には、積極的に受けいれられるかもしれない。なぜなら、エピソードで提示される状況に自分のこれまでの体験を重ね合わせながら、「そこに生じていることを最終的に『あり得ること』と納得できる」（鯨岡 2005：44）からである。

　では、読み手が類似の体験をもっていない場合はどうであろうか。読み手は、類似の体験がなくても、個別具体的なエピソードを読んでわが身に起こったかのように心を動かされることがある。なぜなら、「そのような納得は自分だけができることではなく、たいていの人はその場に置かれればそのように納得するはずであるという暗黙の操作、つまり自分を不特定多数の一人とみなす超越的な操作が暗黙のうちになされる」（鯨岡 2005：44）と考えられるからである。

　私たち人間は、「身体的には類的同型性をもち、それゆえ感受する世界はかなりの程度同型的であることを基礎に、幾多の類似した経験」（鯨岡 2005：45）をもつことができる。そして私たち人間は、「絶対の個であると同時に類の一員」であり、加えて、「豊かな表象能力を付与されている人間は、その想

像力によって、他者に起こったことはそのようなかたちで我が身にも起こる可能性があると理解できる」(鯨岡 2005：45)のである。

　仮に、類似の体験がないと心が動かされないとすれば、古今東西の古典と言われるような小説や映画は存在しないことになる。その作品がフィクションであれノンフィクションであれ、そこに描かれている世界で起こる出来事に類似する体験がなくても、私たちの多くは、時代を超えて、その作品を享受することができるのである。

　そもそも私たちは、状況依存的な存在である。それを青木 (2000：170-171) は、「人間は、彼・彼女が生きる時代と社会に型どられた、状況関連的なコンテキストのなかでしか生きることができない」存在であると表現している。しかし同時に、「人間は、みずからの位置でみずからの役割を演じることで状況に参加し、状況を主体化する」存在でもあり、「その状況は世界に繋がっている」とも述べている。つまり私たちは、状況依存的であるからこそ、その状況にかかわらざるを得ないという点において世界につながっていると言えるのである。

　このように見てくると、エピソード記述をもとにした研究における事実の妥当性は、次のようにして担保されていることがわかる。動的な関係の網の目に生きる私たちの生きられた経験は、その文脈を超えて他者の世界に開かれている。それを前提にしながら、事実としてのエピソードの妥当性は、エピソードを読んだ読み手が、そこにアクチュアリティを実感し、あり得る事実、起こり得る事実であると納得できること、すなわち、了解可能性によって担保されていると言える。

　このことは、事実が客観性や再現性によって担保される研究では、事実が提示される前の入手手続きによってその妥当性が判断されるのに対して、エピソード記述をもとにした研究では、事実が提示された後の読み手による了解可能性によってその妥当性が判断されるということを意味している。さらに言えば、エピソードを用いた研究では、記述者も含めたエピソードに直接、関係する人たちに加えて、事実の妥当性の判断において、読み手にも主体性が求められているということなのである。

4　倫理的配慮

　関西福祉大学社会福祉学部研究倫理審査委員会で承認されており、「日本保育学会倫理綱領」、「日本社会福祉学会研究倫理指針」を遵守した。

　聞き取り調査にあたっては、調査協力者に a. 調査目的、b. 調査方法、c. 調査不同意の際に不利益を受けない権利、d. データの管理法、e. 協力者が中止・保留を申し出る権利、f. 入手したデータの公表について文書を示して説明し、「研究協力同意文書」2通に署名を得、そのうちの1通を研究協力者に手渡し、他の1通は調査者が受け取り保管することとした。参与観察にあたっては、事業主催者、子どもが所属する施設の施設長等に上記と同様にして同意を得、子どもについては、口頭で説明し、了解を得た。調査結果の公表にあたり、エピソードに登場する人名については、新幹線の名称を拝借し、エピソードの内容については、子どもの認識に影響を与えない範囲で手を加え、個人が特定されないように配慮している。地名・事業名を固有名詞のまま表記することに関しては、関係者から了解済である。

【引用文献】
青木秀男（2000）『現代日本の都市下層――寄せ場と野宿者と外国人労働者』明石書店.
濱田嘉昭（2011）『科学的探究の方法』放送大学教育振興会.
木村　敏（2000）『偶発性の精神病理』岩波書店.
鯨岡　峻（2005）『エピソード記述入門――実践と質的研究のために』東京大学出版会.
鯨岡　峻（2015）『保育の場で子どもの心をどのように育むのか――「接面」での心の動きをエピソードで綴る』ミネルヴァ書房.
日本臨床心理学会（2010）『幻聴の世界――ヒアリング・ヴォイシズ』中央法規出版.
大田　堯（2013）『大田　堯自撰集成1　生きることは学ぶこと――教育はアート』藤原書店.
佐藤郁哉（1992）『フィールドワーク――書を持って街へ出よう』新曜社.

第3章 地域養護活動の実際
―― 「何をしてもらったか」ではなく「何をしたか」

ホームスティはたのしい

長瀬野会館　土曜日午前10時

ホームスティ受け入れ家庭のおとなたち
元気な子がくるかな　車酔いしてないかな　緊張してないかな
思いは続く　いろいろと

ホームスティ参加の子どもたち
こんどはどこの家庭かな　どんな家族がまっているかな　無事泊まれるかな

ドキドキ　ドキドキ　ドキドキ　おとなも子どもも
みんな　ドキドキ　ドキドキ

顔合わせ　ホームスティ家族とホームスティ参加の子どもたち
目と目を合わせながら　手と手を握り　心臓の音が聞こえてくるような
ワクワク　ドキドキ　2日間よろしくの挨拶も終わり
子どもとおとな　それぞれ　ドキドキ　ワクワクしながら　それぞれの家庭へ

子どもをお連れした職員とホームスティ受け入れ関係者
2日間のホームスティ家族に手を振りながら
ワクワク　ドキドキを胸に　さらに大きく手を振り見送る

> 1泊2日のホームスティは終わり車の音も軽く
> 長瀬野会館の玄関は　ワイワイ　キャッキャッ　ワイワイ
> ホームスティ家族の会話は弾む　明るくボールのように
>
> 別れの時がこなければいいな
> 1日目のあの固く握られた手と手は　今は優しく　優しく握られている
> この時間は　言葉数が少なくなる子
> 眼だけで話す子　大声を出す子　はしゃぎまわる子
> 別れの時がこなければいいな
> でも　その時がきて
> お迎えの職員相手に　お土産話に花を咲かせる子ら
> 何事もなかったかのようにして　何かが見えた　子どもとおとな
> 1泊2日のワクワク　ドキドキのホームスティは終わる（髙橋千賀子）

　ホームスティ事業の様子を綴ったこの詩の作者は、旧沢内村に誕生したNPO法人「輝け『いのち』ネットワーク」のメンバーであり、自らを、まるごと事業の「世話係り」でありホームスティ事業の「受け入れ世話係」と紹介している。「世話」の中身は、まるごと事業における古民家の掃除やごみの処分もあれば、ホームスティ事業におけるホストファミリーと迎え入れる子どものマッチング、ホストファミリーからの相談、等々、実に多岐にわたっている。いずれの事業においても、子どもを送り出す側の施設と迎え入れる側の地元NPO法人の信頼関係は不可欠である。しかし、迎え入れられる子どもも、子どもを迎え入れるおとなも、事前にお互いについて詳細な情報を交わしているわけでなく、その日、その場でお互いに1人の人として出会い、旧沢内村というフィールドで寝食を共にし、「何事もなかったかのようにして　何かが見えた」経験をする。

　この章の【エピソード】は、8人の子どもをめぐる「ひと・もの・こと」に関して、当事者の主観的事実を重視して記述したものである。【エピソー

表 3-1 接面を構成する人と調査者の位置

接面を構成する人			観察の方法	調査者の位置
子ども（エピソード名）	直接的な関わり手	記述者＝メタ観察主体		
ミズホ（ミニかまくら）	なすのさん	調査者	インタビュー	話を聞き記述する私
サクラ（蝶々や花）	ときさん	調査者	インタビュー	
コダマ（洗濯物）	はくたかのおじさん	調査者	参与観察	参与観察し記述する私
ノゾミ（自転車）	ツルギ	調査者	参与観察	
	こまちさん	調査者	参与観察	
ツバメ（ひじつき椅子）	あさまさん	調査者	参与観察	
ツバサ（ホタル）	調査者	調査者	参与観察	直接的に関与し記述する私
ヒカリ（稲荷神社・焼けた肉）	調査者	調査者	参与観察	
ハヤテ（長財布・集合写真）	調査者	調査者	参与観察	

ドから見えてくること】は、被虐待経験のある子どもが自分をめぐる「ひと・もの・こと」との関係をどのように認識しているのか、それにはどのような意味があるのかを読み解いたものである。見出しには、それぞれのエピソードで中心的な役割を果たす「もの」をおいている。それぞれのエピソードに登場する人物の名前には、新幹線の名称を借用している。

　第2章で述べた記述者と関わり手の関係をめぐる説明をこの章にあてはめると表3-1のようになる。記述者が関わり手である場合というのは、ツバサの登場する「ホタル」というエピソードと、ヒカリの登場する「稲荷神社」と「焼けた肉」というエピソード、そして、ハヤテの登場する「長財布」と「集合写真」というエピソードである。また、記述者が関わり手と異なる場合というのは、聞いたことをもとにしたエピソードと、見たことをもとにしたエピソードに分かれる。前者は、ミズホの登場する「ミニかまくら」とサクラの登場する「蝶々や花」というエピソードであり、後者は、コダマが登

場する「洗濯物」、ノゾミが登場する「自転車」、ツバメが登場する「ひじつき椅子」というエピソードである。

1 「ホームスティ事業」のエピソードと考察

(1) 洗濯物──コダマの場合

コダマ（仮名）	児童養護施設で生活する被虐待経験のある女児（小1）
	「児童養護施設の児童を年間を通してホームスティさせる事業」に参加
はくたかのおじさん（仮名）	ホストファミリー（男性）
私	調査者（女性）

【エピソード】

はくたかさんの家で、トランプで遊ぼうとコダマに誘われ、コダマの弟と私の3人で神経衰弱をして遊んでいた。はくたかさんの家には、帰省した孫のために買い揃えた玩具があった。コダマは利発そうな子で、「ばば抜きしよう！」、「神経衰弱しよう！」と遊びをどんどんリードする。しかし遊び始めると、自分が勝つために多少ズルイことをしないわけでもなかった。

何度やっても勝てないのでコダマの弟の機嫌が少し悪くなり始めた頃、「ねっ、おじさんがかき氷作ってくれるよ！　おやつにしよう！」と、はくたかのおばさんがコダマらに声をかけた。「かき氷だって！」。大喜びのコダマに手をひかれて、私も大画面のTVのあるリビングへ移動した。はくたかのおじさんは、夜店等でよく使われている、キャラクターが描かれたかわいい発泡スチロール製のカップを手動のかき氷器の下に置いて、コダマらのために、ハンドルをぐるぐる回し始めた。おばさんは、かき氷器に入れる氷を冷蔵庫から運びながら、別段、コダマらに聞かせるという様子でもなく、「最近、スーパーでこんなかわいいカップ売ってるの。この間、おじさんが買ってきたのよ」と話し始めた。おじさんはと言えば、おばさんの話に応答するわけでもなく、コダマらにいろいろと話しかけるわけでもなく、もくも

くとかき氷器のハンドルをまわしていた。

　かき氷を食べたあと、先ほどから遊んでいた部屋に戻ると、コダマは珍しいゲームを目ざとく見つけ、今度は３人で別のゲームをして遊ぶことになった。山あいの里は日が落ちるのが早い。夏の日差しを受けて気もちよく乾いた洗濯物にも、瞬く間に山の影がしのびよる。ふと窓の外に目をやると、はくたかのおじさんが庭に干してあった洗濯物を取り込んでいた。その時、ふいにガラリと窓が開いた。洗濯物をいっぱい抱えたおじさんが、「コダマちゃん、ちょっとこれ……」と言って、窓越しに洗濯物を受け取るようにコダマに呼びかけた。呼びかけられたコダマはゲームの手を休め、洗濯物を受け取りに行った。小さな両腕に抱えきれないほどの洗濯物を持ち、少しおどけながら運ぶコダマの後ろから、はくたかのおじさんの「コダマちゃん、ありがとな」という声があった。（調査：2014年9月6日）

　【エピソードから見えてくること】
　トランプ遊びで多少ズルイことをしてでもゲームの勝者になりたいと画策するコダマは、おそらく負けず嫌いの性格なのであろう。そのようなコダマの前にまったく太刀打ちできない弟が少し不機嫌になり始めると、すかさず、はくたかのおばさんから「ねっ、おじさんがかき氷作ってくれるよ！」と声がかかった。そのタイミングから判断すると、おばさんは、コダマらと一緒にトランプ遊びをしていたわけではないが、コダマらの遊ぶ様子を気にかけて見ていたのであろう。
　リビングに移動すると、はくたかのおじさんは、かき氷器のハンドルを回すのに懸命であった。途中、器の下におかれたキャラクターが描かれたかわいい発砲スチロール製のカップは、おじさんが事前にスーパーでみつけて購入してきたものであると、おばさんの口から語られた。かき氷のカップを事前に購入し、かき氷をつくるのは、おばさんではなく、他でもないおじさんである自分の役目だという様子からは、はくたかのおじさんが、コダマらがやってくることを楽しみに待っていたことがうかがえる。とは言うものの、おじさんは、コダマらと一緒に遊ぶというような姿は見られなかったので、コダマにとって、はくたかのおじさんという「ひと」は、「かき氷を作

ってくれる人」として認識されていたと言える。

　かき氷を食べた後、コダマは元居た部屋に戻った。家の中の様子をよく見ているコダマは、部屋にある珍しいゲームを目ざとく見つけて遊び始めた。いろいろなことに関心を抱くコダマなので、はくたかのおじさんが外に干してある洗濯物を取り込む姿も、彼女の目に映っていたであろう。しかし、それほどはくたかのおじさんと接点のなかったコダマにとって、はくたかさんの家の洗濯物という「もの」は、「他者が取り込むもの」であり、ましてやその洗濯物を受け取るという「こと」は、「思いもよらないこと」として認識されていたと言える。

　ところが、突然、ガラリと窓が開き、コダマは洗濯物を受け取るように窓の外にいるはくたかのおじさんから促され、それを受け取りに行くことになった。ゲームが中断されたにもかかわらず、機嫌を損ねることもなく、コダマは少しおどけた様子で洗濯物を運んでいた。おじさんから促されて家事の手伝いをし、おとなから感謝されることが嬉しかったに違いない。施設ではおとなと子どもの間で援助者と被援助者の関係になることが免れ難く、むしろ、「職員がしてくれることを待っているような職員との関係性が依存性を高くする可能性」(庄司・谷口・高橋・ほか 1997：14) があるという。そのため子どもは、おとなの手助けをし、感謝されるというような経験を積む機会が乏しいのであろう。

　コダマにとって、はくたかのおじさんという「ひと」は、「手助けをする相手」として、はくたかさんの家の洗濯物という「もの」は、「特定の他者から受け取るもの」として、また、はくたかさんの家の洗濯物を受け取るという「こと」は、「特定の他者に対して役に立てること」として認識されたと言える。

(2) 自転車――ノゾミの場合

ノゾミ（仮名）	児童養護施設で生活する被虐待経験のある男児（小3）
	「児童養護施設の児童を年間を通してホームスティさせる事業」に参加
こまちさん（仮名）	ホストファミリー（女性）
ツルギ（仮名）	こまちさん友人の孫（小2）
私	調査者（女性）あるいは調査者（男性）

【エピソード】

　こまちさん宅の母屋の前には広大な原っぱが拡がり、そこに樹齢300年という見事なしだれ桜があった。ノゾミとツルギの2人は、しばらくの間、そのしだれ桜がある原っぱで猫車（＝土砂等を運ぶための一輪の手押し車）を押して遊んでいた。2人の間にどのようなやりとりがあったのかわからないが、いつの間にかノゾミは1人、家の前から公道までの15mくらいの舗装されていない道で、自転車に乗る練習を始めた。舗装されていない道には、ツルギが祖母宅から乗ってきた小さな自転車も無造作に停められていた。こまちさんの話では、ノゾミが、「ここ（＝こまちさん宅）はおもちゃもねえし」と言うので、納屋に古い自転車があったことを思い出し、「自転車、乗るか？」と尋ねると、ノゾミは、「（僕は）乗れねぇ」と言ったらしい。

　ノゾミは自転車をこぎ出そうとして一瞬、地面から両足を離したかと思うとすぐさま両足を着くというようなたどたどしい乗り方で、家の前の道を何度も何度も往復していた。ふと気がつくとその傍らで、すでに自転車を乗り回しているツルギがノゾミに声をかけていた。その様子は、必死の形相でもなく、だからと言って突き放したような素振りでもなかった。このような2人の姿を、こまちさんはツルギの祖母と一緒に、「あぁ～～、もうちょっとなのに……でも、見ちゃいけない、見ちゃいけない」と言いながら少し離れたところから応援していた。ノゾミが地面から両足を離せる時間が長くなってくると、こまちさんは、ノゾミの乗った自転車が勢いよく公道に飛び出し

はしないかと気にして、私に「ちょっと見てきてあげて」と声をかけた。

　自転車に乗る練習を始めて2時間くらい経った頃であったろうか。ノゾミは随分、上達したものの、もう一歩というところで立ち往生していた。「無理」と言うノゾミに対して、ツルギは、「慣れだよ」、「無理なことなんてない」、「自分も最初は自転車に乗れなかった」と伝えた。このようなやりとりの後しばらくして、ツルギはその場を離れたが、ノゾミは、その後も1人で黙々と練習を続けた。この時も2人の間にどのようなやりとりがあったのかはわからなかった。

　やがてノゾミは、近くにいた私に、「あの子（＝ツルギ）、呼んできて」と頼んだ。そして、ツルギの祖母宅に通じる、めったに車が入ってこない側道で、再び2人は、何度も何度も自転車に乗る練習を繰り返していた。日も落ちてきたので、「続きは明日の朝、しよう！」と言うこまちさんの声に促されて、この日の練習はお開きになった。

　翌日、ホストファミリーや施設職員等が参加するホームスティの振り返りの会で、こまちさんから次のような話があった。一夜明けた帰る日、早朝から目を覚ましたノゾミは、ツルギの祖母宅へ行きたいと言った。あまりにも早い時刻であったため少しためらわれたが、ツルギの祖母なら許してくれるだろうと思い行くことを認めた。どうやらノゾミは自転車に乗れるようになったらしい。（調査：2013年8月24日）

【エピソードから見えてくること】
　最初、ノゾミはこまちさん宅の母家の前の原っぱで、ツルギと一緒に猫車を押して遊んでいた。その後、2人の間にどのようなやりとりがあったのかはわからないが、こまちさん宅の納屋にあった古い自転車を借りたノゾミは、ツルギと分かれ1人で乗る練習を始めた。したがって、2人で猫車を押して遊んでいた時、ノゾミにとって、ツルギという「ひと」は、「一緒に遊ぶ人」として認識されていたと言える。また、まだ自転車に乗ることができないノゾミにとって、自転車という「もの」は、「力が試されるもの」として、そして、自転車に乗ることができないにもかかわらず他に興味をもてる遊具が何もなかったため、自転車で遊ぶことを選んだノゾミにとって、自転車に乗

るという「こと」は、「仕方なくおこなうこと」として認識されていたと言える。

　1人で自転車に乗る練習を始めたノゾミであったが、いつの間にかその傍でノゾミに声をかけている年下のツルギの姿があった。この時のツルギの表情からは、必死になって教えているというような様子を見てとることはできなかった。随分、長い間、一生懸命に自転車に乗る練習を重ねるノゾミであったが、なかなかうまく乗ることができるようにはならなかった。そこでついに、ノゾミはツルギの前で弱音を吐いた。そのようなノゾミに対してツルギは、自分にも自転車に乗ることができなかった時期があるというように自らの出来なさを開示しながらノゾミを励ました後、いったん別行動をとった。ここでもノゾミとツルギの間でどのようなやりとりがあったのかはわからないが、その後、ノゾミは私に対してツルギを呼んできて欲しいと頼み、2人で自転車に乗る練習を再開した。ノゾミにとって、ツルギという「ひと」は、自転車に乗る練習をする時に「力を貸してくれる人」として認識されたと言える。

　被虐待児は、虐待－被虐待のパワー・ゲームともいうべき状況の人間関係を生きてきたため、児童養護施設においても、「弱肉強食」の人間関係が繰り返される場合がある（藤岡2009）。力のある子どもは、その力を使って周りの子どもを支配し、逆に力のない子どもは、力のある子どもに目を付けられないよう目立つことを避ける、あるいは、力のある子どもからの庇護を求めてへつらう等の戦略を駆使する行動が見られる。このようなことから考えると、ツルギとの関係は期間限定のものであるという理由はあるにせよ、ノゾミが年下であるツルギに対して自分の出来なさを開示し、助けを求めたことは注目すべきことであろう。

　夕刻になってもノゾミは自転車に乗ることができるようにならなかったが、続きは明日の朝にしようというこまちさんからの提案を受け入れ、いったん練習が中断されることになった。翌朝、早くに目が覚めたノゾミが、ツルギの祖母宅へ行ってツルギと一緒に自転車に乗る練習をしたいと言い出した時、こまちさんはあまりにも早い時刻であったため、ツルギの祖母に気をつかいながらも、昨夕、ノゾミと交わした明朝に練習するという約束を果たした。一夜明けて、ノゾミにとっ

て、自転車という「もの」は、ツルギの力を借りながら「乗ってみたいもの」として、自転車に乗るという「こと」は、ツルギという「特定の他者と一緒に成し遂げたいこと」として認識されたと言える。

　また、ノゾミが自転車に乗る練習をしている時、こまちさんは、「あぁ〜〜、もうちょっとなのに……でも、見ちゃいけない、見ちゃいけない」と少し離れたところで見ており、ノゾミが自転車に乗ることができるようになって勢いよく公道に飛び出さないかと気にかけながらも、自ら安全を確認しに行くのではなく、その役割を私に頼んでいる。したがって、ノゾミにとって、こまちさんという「ひと」は、「見守ってくれる人」として認識されていたに違いない。しかし、翌朝の出来事により、こまちさんという「ひと」は、約束を守ってほしいというノゾミの「要求を受けとめてくれる人」として認識されたと言える。

　児童養護施設で生活する子どもは、おとなの都合に振り回され、約束が反故にされてきたことも多く、自己否定感から、周囲のささいな言動によって、「『大切にされない』『見捨てられた』などの被害感」（土井 2008：47）を抱きやすいという。したがってこまちさんが、早朝の時間帯でツルギの祖母に迷惑にならないかと気にしながらも、前日の夕方にノゾミと交わした、翌朝に自転車に乗る練習をするという約束を履行したことは、ノゾミにとって約束は守られるものであるという経験になったと考えられる。

(3) ミニかまくら——ミズホの場合

ミズホ（仮名）	児童養護施設で生活する被虐待経験のある女児（小4）「児童養護施設の児童を年間を通してホームスティさせる事業」に参加
なすのさん（仮名）	ホストファミリー（女性）

【エピソード】

　雪深い西和賀町の冬の風物詩の1つとして2月に町民参加でおこなわれる「雪あかり」イベントがある。家ごとに、あるいは、集落や事業所ごとに、

みんなで協力して雪像やミニかまくらを作りその日を迎える。日が暮れると、雪像やミニかまくらの中にろうそくの灯がともされ、町全体が幻想的な雰囲気に包まれる。

　雪あかりのちょうど1週間後にホームスティがおこなわれた。ミズホは、同じ施設で暮らす年下の女の子と一緒に、なすのさん宅でホームスティをすることになった。なすのさん宅に到着すると、ミズホはなすのさんに、「私はこの子のお姉ちゃんじゃないの。私にはお兄ちゃんがいるだけなの」と、年下の女の子と自分の関係、自分の本当のきょうだい関係について紹介した。

　昼ごはんを食べたあともミズホは、「私はこたつがいい」と言って一歩も動こうとせず、家の中で本を読みふけっていた。年下の女の子は、たびたび窓から一面の銀世界を眺めていたが、結局、こたつで過ごすことになった。だから、なすのさんも家の中で、日中はずっとミズホたちと一緒にこたつでまぁるくなって、まったりとした時間を過ごした。

　やがて日が暮れ始め、あたりが暗くなってきた。先週の雪あかりで作ったミニかまくらは、まだ溶けずにそのまま残っていた。なすのさんは、雪あかりをミズホらに見せてあげたいと思い、「ちょっと外へ出てみよう」と2人を誘った。ミズホはしぶしぶであったが、年下の女の子は大喜びで戸外へ飛び出して行った。すっかり溶けてはいないものの、雪あかりを楽しむには、1週間前に作られたミニかまくらは、少しばかりの修復が必要であった。ずらりと並んだミニかまくらを3人で手直しし、その中にろうそくの灯をともした時のことである。ミズホが暗闇の中でゆらゆら揺れるろうそくの灯をみつめながら、思わず「あぁ、きれいだわぁ」とつぶやいた。それを聞いたなすのさんは、「だから、一緒につくりたかったんだよ」と伝えた。

　その後、幻想的な世界を楽しむのかと思いきや、ミズホはすぐさま「だけど寒いもん」と言って家の中へ走り込んだ。ホームスティ1日めは、夜も3人でこたつに入ってまぁるくなって過ごした。（調査：2012年2月19日）

【エピソードから見えてくること】

　西和賀町の冬は、あたり一面が銀世界になる。雪合戦、かまくらや雪だるまづくり、そり遊び等、雪を使った遊びならどのような遊びでも可能になる

だけの豊富な雪の量である。それにもかかわらず、なすのさん宅に到着したミズホは、年下の子が外で遊びたそうにしていても、こたつに入ってひたすら本を読みふけっていた。「私はこの子のお姉ちゃんじゃないの。私にはお兄ちゃんがいるだけなの」というミズホの言葉には、もともと自分は妹なのであり、ホームスティ期間中は、血縁関係にない年下の子のお姉さん役をする気はないので、年下の子にあわせたりせず、自分がしたいようにするという意味が込められていたのかもしれない。そして年下の女の子が、結局、こたつの中で過ごすことになったのも、ミズホのこのような姿勢が伝わったからなのかもしれない。いずれにせよ、なすのさんも日中は、こたつで過ごすことになったので、ミズホにとって、なすのさんという「ひと」は、「こたつでまぁるくなって過ごす人」として認識されていたと言える。

　日が暮れ始めた時、雪あかりをミズホたちに見せてあげたいと思っていたなすのさんは、ミズホたちを外に誘った。1週間前に作られたミニかまくらは、形が崩れ始めていて若干の修復をしなければ、ロウソクの灯を入れることができない状態であった。もともと外に出たくなかったミズホであるから、この時のミズホにとって、ミニかまくらを修復するということは、「寒くて嫌なこと」として、また、ミニかまくらという「もの」は、「修復すべきもの」として認識されていたと言える。

　しかし、ミニかまくらの修復を終え、その中でロウソクの灯が揺れた時、あたり一帯が、なんとも言えない幻想的な雰囲気に包まれた。「あぁ、きれいだわぁ」と思わずつぶやいたミズホにとって、ミニかまくらという「もの」は、「美しいと感じるもの」として、またミニかまくらを修復するという「こと」は、「特定の他者と一緒に楽しめること」として認識されたと言える。そして、その美しさを言葉にしたミズホに対して、ミニかまくらが美しいからこそ、ミズホたちと一緒につくりたかったというなすのさんの願いが伝えられた。ミズホにとって、ミニかまくらの修復を一緒にしたかったと言ってくれたなすのさんという「ひと」は、「自分を心待ちにしてくれる人」として認識されたと言える。

　施設で集団生活をする子どもは、「大勢の子どもを担当する職員との間で、特別な存在として扱ってもらえる機会が少ない」（麻生・髙橋 2013：93）とい

う。そのような中で、なすのさんが他でもない自分たちがやって来るのを心待ちにしてくれていたということは、ミズホにとって自分が特別な存在として扱われた経験になったと言える。このことは、ミズホが、そのまま戸外で過ごすのではなく、「だけど寒いんもん」という言葉を残して家の中へ走り込んで行くことができた事実からも推察される。なぜならミズホは、なすのさんに気遣うことなく、自分はやはりこたつの中が良いと、素直に自分の感情を表現できたからである。

(4) 蝶々や花——サクラの場合

サクラ（仮名）	児童養護施設で生活する被虐待経験のある女児（小6）
	「児童養護施設の児童を年間を通してホームスティさせる事業」に参加
ときさん（仮名）	ホストファミリー（女性）

【エピソード】

　児童養護施設からやってきた子どもは、公民館に集まったホストファミリーの人たちから「良（エ）ぐ来てけだナ」という歓迎の言葉で迎えられた。全員の顔合わせが終わった後、子どもは2人1組になり、それぞれのホストファミリー宅へと分かれて移動し始めた。ホームスティ初参加のサクラは、同じ児童養護施設からやってきたもう1人の女の子と一緒に、ときさんの家に行くことになっていた。

　ときさんが運転する車の後部座席に乗り、ときさん宅に向かう途中、サクラは独り言のように、「こんな、なんにもないとこ……。コンビニもないし、ゲーセンもないし、カラオケもない。なぁんにもない」とため息まじりにつぶやき始めた。ときさんは運転中だったので前を向いたまま、不満げなサクラに、「だから、あなたたちに来てもらったのよ」と伝えた。

　翌朝、最初に集まった公民館まで施設職員が迎えに来るので、サクラたちは再びときさんが運転する車の後部座席に乗って、前日に集まった公民館へ向かっていた。公民館に到着すればホームスティも終わりである。サクラは、

後部座席から自分が見つけたものを次々にときさんに伝え始めた。「ときさん、かわいいチョウチョが飛んでる」、「ときさん、きれいな花が咲いてる」。
（調査：2011年8月25日）

【エピソードから見えてくること】

　ホストファミリーであるときさんの運転する車で、ときさん宅へ移動する時のサクラの様子から、彼女はホームスティに積極的に参加したかったわけではないことがうかがえる。サクラにとっては気乗りのしないホームスティだったのであろう。サクラにとって、ときさんという「ひと」は、自分を「迎えにきてくれる人」として認識されていたと言える。また、おそらくサクラは、蝶々や花のようなものより、コンビニやゲームセンター、カラオケに興味を抱いていたのであろう。それゆえ、サクラにとって、車窓から見える蝶々や花という「もの」は、「目に映るもの」として、蝶々や花を発見するという「こと」は、「期待していないこと」として認識されていたと言える。

　車の後部座席で「こんな、何にもないとこ」と不満気につぶやくサクラに対して、ときさんは、この町には、コンビニもゲーセンもカラオケもないと認めた上で、何もない地域だからこそ、あなたたちに来てもらう必要があったと応答している。仮にときさんが、不満気につぶやくサクラに対して、「だけど、ここには豊かな自然があるのよ」と応じていれば、「だけど」という言葉によって、サクラは自分の気もちを否定されたと感じたであろう。一方、実際にときさんが発した「だから、あなたたちに来てもらったのよ」という言葉は、ここは何もないところである、「だから」、あなたたちに来てもらったというように、不満を抱いているサクラを、ときさんが、そのままでまるごと受けとめたということを示している。そしてこの言葉は、前を向いて運転しながら発せられたわけであるから、不満を口にするサクラを必死になだめようと意図した特別な応答ではなく、ときさんの普段通りの応答としてサクラに伝わったに違いない。この時、サクラにとって、ときさんという「ひと」は、「自分たちを必要としてくれる人」として認識されたと言える。

　「虐待環境にあった子どもの多くは、ときどきの体験に養育者から言葉を添えられ、応じてもらえるという体験が乏しく、ゆえに自分のなかで生じた

感情が整理できず、混とんとして」(増沢 2009：67) いるという。不満をつぶやくという負の行動を、まるごと受けとめられたというのは、サクラにとって応じてもらえる体験となった。そしてサクラは、その体験によって自分の中に生じた負の感情を整理できるようになったに違いない。

　翌朝、公民館に向かう車の中で、サクラは時間を惜しむようにしてときさんに、自分が「発見」した蝶々や花の存在を伝えている。サクラにとって、蝶々や花という「もの」は、「魅力のあるもの」として、また、サクラにとって、蝶々や花を発見するという「こと」は、「特定の他者に伝えたいこと」として認識されたと言える。

2　「まるごと事業」のエピソードと考察

(1) ひじつき椅子──ツバメの場合

ツバメ (仮名)	児童養護施設で生活する被虐待経験のある男児 (小5)
	「全国・西和賀まるごと児童養護施設事業」に参加
あさまさん (仮名)	西和賀町の川下りボランティア (男性)

【エピソード】

　まるごと事業の4日めは、西和賀町の川下りボランティアの協力のもと、いくつかのゴムボートに分かれて和賀川の川下りをした。ボランティアの人からオールの使い方を教えてもらい、すぐ上手に操れるようになる子もいれば、ぎこちなさを残したまま出発する子もいた。はじめは表情が硬かった子も、水しぶきを浴びながら体がボートの動きになじんでいくにつれて満面の笑顔を見せるようになり、川面をすべるゴムボートの中から子どもの歓声が聞こえてきた。

　ゴムボート川下りのあと、宿舎となっている古民家の庭先では、最後の夕食となるバーベキューが待っていた。この古民家は、地元の人から「清吉稲荷」と呼ばれて親しまれていた。まるごと事業で顔見知りになった数人の子

どもが集まって、スタッフが焼いてくれた肉や野菜の入った紙皿を持って庭のあちらこちらで食べている姿があった。小柄なツバメはウエイター役を買って出たようで、食事の合間を縫って、「お飲み物は何がいいですか〜？」と陽気に注文取りの「仕事」に励んでいた。しかし、バーベキューの終盤、突然の夕立に見舞われ、慌ててみんなで片づけることになった。

その後、夕立もあがり、宿舎の周辺には雨に洗われた漆黒の闇が広がり、灯りのともった清吉稲荷だけが暗闇の中に浮かび上がった。多くの子どもは、お寺の本堂のような何十畳もある室内でカードゲームに興じ、何人かのおとなは、その部屋の広い縁側に腰を掛けて涼んでいた。

庭に残されたバーベキューコンロには、まだかすかに炭火が残っていた。その傍にあったアウトドア用のひじつき椅子2脚が、コンロの角を挟み、直角に並んでいた。その椅子に西和賀町の川下りボランティアの2人が座り、煙草をくゆらせながら、時折、ひと言ふた言、言葉を交わす以外は、ただ暗闇の遠くを見ているだけであった。やがて、そのうちの1人が席を立ち、あさまさんだけが1人そのまま椅子に座っていた。

どれくらい時間が流れたのかは判然としないが、ふと、バーベキューコンロの方に目をやると、年齢の割に華奢な体のツバメが、空いていたおとな用の椅子に体をすっぽりとすべり込ませて腰かけていた。遠目からなのではっきりとはわからないが、特に2人が何か話をしている様子ではない。2人は同じ方向に目をやり、ただ暗闇の遠くを見ているだけであった。さらに時間が流れた。あさまさんの隣の椅子に、今度は別の子どもが座っていた。（調査：2012年8月25日）

【エピソードから見えてくること】

バーベキューコンロの前で煙草をくゆらせ、ひじつき椅子に座っているあさまさんは、日中、ゴムボートで川下りをした時の西和賀町の川下りボランティアの1人であった。したがってツバサにとって、あさまさんという「ひと」は、「川下りをサポートしてくれる人」として認識されていたと言える。

夕食のバーベキューが終わる頃に降り出した夕立もあがり、再び、ゆったりとした時間が流れ始めていた。宿舎の広い室内では、子ども同士でカード

ゲームに興じる姿があった。一方、かすかな炭の残り火以外に明かりと呼べるものは何もなく、まったくの暗闇に覆われた屋外では、川下りボランティアの2人が、煙草をくゆらせながら直角に並んでいるひじつき椅子に座っていた。2人はほとんど言葉を交わすことはなく、ただ暗闇の遠くを見ているだけであった。屋内とは対照的な雰囲気を感受したツバメは、外の2人が気になっていたのであろう。その時のツバメにとって、ひじつき椅子という「もの」は、気にはなっても子どもには縁のない「おとなが使うもの」として、また、ひじつき椅子に座るという「こと」は、ひじつき椅子がおとなのためのものである以上、「子どもの自分にはためらわれること」として認識されていたと言える。

　その後、いつのまにかひじつき椅子に座っていた1人が席を立った。誰も座っていないひじつき椅子があさまさんの隣に残された。この光景を目にしたツバメは、おそらく明確な意図や意志をもたないまま、小柄な自分の体には不釣り合いな大きな椅子に身を沈めたのであろう。そして、あさまさんの横の椅子に座り、先に座っていたおとなと同じように2人して無言のまま同じ方向に目をやり、ただ暗闇の遠くを見つめていた。

　まるごと事業の滞在期間中、ツバメは周りのおとなを笑わせようと涙ぐましい「努力」を重ねていた。増沢（2009：38）によると、幼い頃から虐待状況におかれ続けた子どもの中には、「一見人懐っこく、無警戒に近づいてくる子ども」がいるという。ツバメの「努力」は、彼が経験したであろう深刻な虐待と、それに起因する絶え間ない不安や緊張を想起させるに十分なものであった。そうであるとすれば、ツバメがとった行為、すなわち、あさまさんの横の椅子に座り、あさまさんと同じ方向に目をやり、2人してただ暗闇の遠くをみつめるという行為は、きわめて無防備であったと言える。それを可能にしたのは、ツバメのあさまさんに対する絶対的な安心感であろう。この時のツバメは身も心もあさまさんに委ねていたに違いない。

　ツバメにとって、あさまさんという「ひと」は、「傍にいて安心を与えてくれる人」として、ひじつき椅子という「もの」は、「子どもも使うことができるもの」として、ひじつき椅子に座るという「こと」は、「特定の他者と何気ない時間を一緒に過ごすこと」として認識されたと言える。

(2) ホタル——ツバサの場合

ツバサ（仮名）	児童養護施設で生活する被虐待経験のある男児（小6） 「全国・西和賀まるごと児童養護施設事業」に参加
私	調査者（女性）

【エピソード】

　まるごと事業最後の夜、宿舎の庭先でバーベキューをした後の出来事である。いよいよ明日は最終日、時計の針は就寝時刻の21時に近づきつつあった。周りはまさに漆黒の闇である。そのようなとき、「ホタル、ホタル、ホタルがいるんだよ～、ホタル、採りに行こ！」と暗闇の中からツバサの声が聞こえてきた。「えっ、ホタル⁉　私も行く！」と言って、それまで私と一緒に話をしていた小6の女の子がツバサの後を追いかけた。ツバサもその女の子も、小6とは思えないほど自分の感情をコントロールするのが難しく、ツバサの方は事あるたびに他児に対する乱暴なふるまいが、女の子の方はわがままで自分勝手なふるまいがたびたび見受けられ、どちらかと言えば、2人ともかかわりが難しいと感じられる子どもであった。ふと声のする方へ目をやると、ボランティアスタッフが1人、ツバサらのあとを追っていた。ボランティアスタッフの姿も確認することができたので、私は気楽な気もちでみんなの後を追った。

　道側から草むらを覗きこむようにして、私が「ホタル、いるの？」と尋ねると、草むらの中からツバサが、「草の中をこうやってじ～っと見て。光るから」と言いながら、草むらの中に顔を近づけていった。ツバサの言葉を信じてついてきた女の子は、なかなか自分でホタルを見つけることができなくて、いらいらし、ホタル探しに少し飽き始めていた。すると、「いた！」とツバサの声。女の子と一緒にツバサの方へ駆け寄ると、確かに草の間にやわらなか光が見えた。

　ホタルをそっとつかまえたツバサは、女の子ではなく私の手をとって、「おばさん、持って」と私の掌にホタルをのせた。ツバサがホタルと呼んでいる

のは、クロマドホタルの幼虫である。暗闇で幼虫の姿ははっきりと見えないものの、虫があまり好きでない私は、いきなり黒々とした幼虫を掌におかれて一瞬、とまどった。「えっ？　これどうするの？」と尋ねると、ツバサは私の掌を下からそっと支えるようにして、「こうやって持って」と掌にくぼみをつくって持つように促した。

　ツバサは宿舎からどんどん離れてホタルを探し始めた。ホタル探しを始めた時、すでに21時前であったことを思えば、就寝時刻はとうに過ぎているに違いない。女の子はいつのまにかボランティアスタッフと一緒に帰途についたようである。もう女の子の声もボランティアスタッフの声も聞こえない。就寝時刻が気になり、おろおろしながらツバサに何度も、「もう帰ろうよ」と誘いかけた。しかしそのたびに、「待って！　いるかもしれないから」と言ってツバサは、宿舎とは逆の方向にどんどん歩きはじめた。

　幾度となくこのようなやりとりを繰り返した後、「ねぇ、もう帰るよっ！」と言って、クロマドホタルの幼虫を草むらに返し、ツバサのことが気になるものの彼に背を向けて宿舎に向かって歩き始めた。少し歩いた時、後ろから伸びて来たツバサの手が私の手をつかまえた。「おばさん、疲れたぁ〜」。（調査：2012年8月25日）

【エピソードから見えてくること】

　ホタル探しに行くツバサらの後を追いかけたのは、ツバサと積極的にかかわるためでもなければ、ホタルを捕まえるためでもなく、たんにホタルを見たいという私の好奇心を満たすためであった。ツバサがホタル探しに懸命になっている時も、私は、道側から草むらを覗きこむだけで、草むらの中に分け入ってホタル探しをするわけでもなかった。ツバサにとって、私という「ひと」は、「ホタルを見にきた人」として認識されていたと言える。

　私が傍観者的であるのとは異なり、ツバサはホタルを捕まえるため、草むらに分け入り腰をかがめて草の中を一生懸命、覗きこんでいた。ホタル探しを始めた当初、ツバサにとって、ホタルという「もの」は、「自分が見つけるもの」として認識されていたと言える。その後、ホタルを1匹捕まえたツバサは、そのホタルを持ったままでは別のホタルを探すことが難しいと気づ

いたのであろう。ツバサは私にホタルを託すことになった。ツバサにとって、ホタルという「もの」は、「特定の他者に委ねるもの」として認識されたと言える。ツバサから託されたクロマドホタルの幼虫にとまどう私に対して、ツバサは、ホタルが逃げないように掌で虫かごをつくってもらおうとして、私の手に触れることになった。ツバサにとって、私の手に触れるという「こと」は、自分の要求をかなえて「楽しみを持続するために必要なこと」として認識されていたと言える。

いつしか女の子やボランティアスタッフの姿が見えなくなり、ホタル探しをしているのはツバサと私の2人だけになった。ツバサにしてみれば、ホタルを1匹捕まえたので、もっと捕まえたいという思いがふくらんだのであろう。就寝時刻を過ぎているにもかかわらず、ツバサは宿舎からどんどん離れていった。時間が過ぎ、気が気でなかったので、私とツバサは、「もう帰ろうよ」、「待って！」というやり取りを幾度も繰り返した。そして私は、とうとう意を決し、ツバサに背を向けて宿舎に向かって歩き始めた。

増沢（2009：38）によると、幼い頃から虐待的状況におかれ続けた子どもには、「衝動のコントロールが拙く（略）要求が通らないとイライラして、ときに癇癪を起して人や物にあた」る傾向が多く見られるという。自分の感情をコントロールするのが難しく、事あるたびに他児に対して乱暴にふるまうツバサは、まさに、そのような子どもであった。したがって、ホタル探しを中断されたツバサは、私に対して癇癪を起しても何ら不思議ではなかった。ところが、私が宿舎に向かって歩き始めると、ほどなく「おばさん、疲れた〜」と言って、ツバサは背後から手をつなぎに来た。

この「疲れた〜」という言葉は、ホタル探しによって心身が消耗したという不満を表すものではないであろう。それよりも、心身が消耗するほど心ゆくまでホタル探しを堪能したという心地よい疲れを言葉にしたものであったに違いない。加えて、そこまで自分に付き合ってくれた人に対して、感謝というような大げさなものではないが、ホタル探しをとおして時間と空間を共有できた喜びを伝えるものであったのかもしれない。

ツバサにとって、私という「ひと」は、「手をつなぎにいく相手」として、私の手に触れるという「こと」は、「特定の他者と満足感を共有すること」

として認識されたと言える。

(3) 稲荷神社——ヒカリの場合

ヒカリ（仮名）	児童養護施設で生活する被虐待経験のある男児（中1）
	「全国・西和賀まるごと児童養護施設事業」に参加
私たち	調査者（女性）と調査者（男性）

【エピソード】

　山里で川遊びと言えば、木陰に涼風がイメージされるかもしれない。しかし、まるごと事業3日めは、川遊びのために場所を選んだというよりも、ゴミ拾いボランティア活動の到着点である場所で川遊びが始まった。そのため、子どもが歓声をあげて遊ぶ冷たい川の水とは裏腹に、川原は、真夏の直射日光で随分、気温が高くなっていた。川原ではタープテントが張られているものの、太陽が移動するにつれ、タープテントの日差しを遮る部分は徐々に小さくなり、私たちは暑さに難儀しながらも、川に入って楽しそうに水遊びをしている子らを眺めていた。

　ヒカリもまた川に入らずに川原にいた。彼はうつむいて一人で黙々と、石と石をぶつけて時間を過ごしていた。お弁当を食べる前も食べた後も、その姿に変わりはなかった。陽射しがさらに強くなってきた頃、私たちとヒカリの様子を気にしてなのか、職員から、車を出すのでみんなより先に宿舎に戻らないかと打診があった。暑さに耐えがたくなっていた私たちは、その申し出を喜んで受け入れた。気がつくとヒカリも同じワゴン車に乗っていた。宿舎へ戻る道中もヒカリは誰とも言葉を交わすことはなかった。職員と話ができるよい機会だったので、私たちは、宿舎の愛称である「清吉稲荷」の由来となっている稲荷神社への行き方について尋ねた。

　宿舎に戻ると職員から暑さをねぎらう言葉と共にヒカリと私たちにアイスクリームが渡された。その後、私たちはヒカリと分かれ、涼風がふきぬける囲炉裏端でアイスクリームを食べた。しばらくして、ヒカリはどうしている

のかが気になりそれとなく様子をうかがうと、昼間でも薄暗い大広間の隅っこで、アイスクリームの容器を手にして食べている姿が目に入ってきた。

一息ついたので、裏山にある稲荷神社まで散歩に行くことにした。私たちだけで出かけることにどことなく居心地の悪さを感じたので、ヒカリのいる大広間のほうに行った。彼は一人で黙々とゲームの攻略本を読んでいたので、少し離れたところから「(稲荷)神社に一緒に行く？」と声をかけると、かすかに首が横に振れたように感じられた。

稲荷神社から戻ってきても、子どもやスタッフの姿はまだなかった。ヒカリは私たちが出かけたときと変わらず、一人で黙々とゲームの攻略本を読んでいた。(調査：2012年8月24日)

【エピソードから見えてくること】
ヒカリのいるタープテントの片隅で私たちが川遊びの様子を眺めていても、ヒカリは、まるでそこに他者がいると感じていないかのように、1人で黙々とうつむいたまま、石と石をぶつけて時間を過ごしていた。このような状況にあったので、ヒカリが私たちの存在を意識したのは、一緒にワゴン車に乗り込んだときであろう。車中でもヒカリと話をすることはなかったので、ヒカリにとって、私たちという「ひと」は、「車に一緒に乗る人」として認識されていたと言える。またヒカリは、車中での会話に加わることはなかったが、特に何かをするということもなかったので、ヒカリには、職員と私たちの会話は聞こえていたと思われる。したがってヒカリにとって、稲荷神社という「もの」は、「耳にしたことのあるもの」として認識されていたと言える。

宿舎に戻った時に職員からアイスクリームを渡された。それを食べて一息ついた後、私たちは裏山にある稲荷神社に散歩に行くことにした。少し離れたところからではあったが、ヒカリに「(稲荷)神社に一緒に行く？」と声をかけた。そして、かすかにヒカリの首が横に振れるのを感じとると、私たちはヒカリを残して稲荷神社へ出かけた。ヒカリにとって、私たちという「ひと」は、「自分たちだけで神社に行く人」として、稲荷神社という「もの」は、「目的地となるもの」として認識されたと言える。また、川原でもワゴン車の中でも、私たちとヒカリはこれといったかかわりがなかったのであるから、

ヒカリにとって、稲荷神社に行こうと誘われるという「こと」は、「突拍子もないこと」として認識されていたと言える。

　安全感や安心感に包まれず、脅威と恐怖の中で生活してきた被虐待児には、しばしば外界に対して主体的、創造的にかかわり合えない「萎縮」が見られるという（土井 2008：47）。これまでのヒカリの外界へのかかわりが、まさに、萎縮を想起させるものであっただけに、神社に同行しないかという私たちの誘いかけに対して無理に同意せず、自分の感じたままに意思表示をしたという経験、加えて、そのことによって自分に危害が加えられなかったという経験は、ヒカリが外界に対してはりめぐらさざるを得なかったバリアをほんの少しだけ緩めることにつながったかもしれない。ヒカリにとって、稲荷神社に行こうと誘われる「こと」は、「特定の他者であれば同意せずともおびやかされないこと」として認識されたと言える。

(4) 焼けた肉──ヒカリの場合

ヒカリ（仮名）	児童養護施設で生活する被虐待経験のある男児（中1）
	「全国・西和賀まるごと児童養護施設事業」に参加
私	調査者（女性）

【エピソード】
　ゴミ拾いボランティア活動の翌日、ヒカリたちは、西和賀町の川下りボランティアの協力を得て、ゴムボート川下りを楽しんだ。まるごと事業最後の夕食では、宿舎の庭先でバーベキューがおこなわれていた。しばらく経ってからそれに参加した私は、スタッフから焼けた肉や野菜を給仕してもらい舌鼓を打っていた。ときおりウエイター役を楽しんでいる男の子が、「お飲み物は何がいいですか～？」と陽気に注文を取りに来てくれたり、スタッフから「おかわりどうぞ」、「おにぎりも食べてね」とやさしく声をかけられたりした。私はまさに、食べるだけの人であった。
　おなかがいっぱいになり、テーブルの前を離れる子どもも出てきた頃、遠

くで聞こえていた雷の音が近づき、空が真っ暗になった。ひと雨降りそうな気配が漂ってきたので、スタッフは、まだ食事をしている子どもがいるテーブルはそのままにして、空いたテーブルから手際よく片付けを始めた。それにつられるようにして、子どもも手伝い始め、せわしなく動く人の姿が目に付くようになった。そうした中、ヒカリは空っぽの紙皿と割り箸を持って、ふらぁ〜り、ふらぁ〜りとただようかのごとくさまよい始めた。いったい何がしたいのか、傍目には彼の意図をはかりかねた。ヒカリは、この日の川下りに参加するまで、どちらかと言えば、表情が乏しく、自ら言葉を発すること等めったになかった。前日、みんなが川遊びに興じていても、タープテントの中でうつむいて一人で黙々と、石と石をぶつけて時間を過ごしていた。また別の日、みんなが部屋でカードゲームをしていても、部屋の隅っこでバスタオルを頭からすっぽりかぶり、じっとたたずんで時間を過ごしていた。そのため、ヒカリが食事中に立ち歩いているのは珍しいことであったが、さらに驚くことが起こった。食べるだけの人であった私のところへやってきて、「お肉どこ？」といきなり、ボソッとつぶやいたのである。（調査：2012年8月25日）

【エピソードから見えてくること】

　夕食の時間に少し遅れて到着した私は、ちょうど肉や野菜が焼けた頃からバーベキューに参加することになった。バーベキューの準備を手伝っていたわけでもなく、スタッフから給仕してもらって焼けた肉や野菜に舌鼓を打つだけであったので、ヒカリにとって、私という「ひと」は、「バーベキューを食べる人」として認識されていたと言える。またスタッフは、私に声をかけるのと同じように子どもにも「おかわりどうぞ」、「おにぎりも食べてね」と声をかけ、焼けた肉や野菜を紙皿に給仕していた。したがってヒカリにとって、焼けた肉という「もの」は、その場にいれば「給仕されるもの」として、焼けた肉を食べるという「こと」は、「座っているだけで可能になること」として認識されていたと言える。

　ところが、そのようなゆったりした時間の流れに変化が起こった。夕立の気配が漂い始めたので、スタッフや子どもがせわしなくテーブルの上を片付

け始めることになり、これまでのようにやさしく声をかけ、給仕してくれるスタッフはヒカリの前からいなくなった。昨日までのヒカリであれば、給仕してくれるスタッフの姿が見えなくなった時点で箸をおいていたかもしれない。

しかし、川下りとその後の川遊びにも参加したこの日のヒカリは、随分、お腹もすいていたのであろう。周りのあわただしさをよそに、もっと焼けた肉を食べたいと思い、それを求めて立ち歩くことになったのである。ところが、自分では焼けた肉のありかをみつけ出すことができなかったため、ヒカリは私にそれがどこにあるのかを尋ねることになった。おそらくヒカリの目には、自分と同じように周りのあわただしさをよそにバーベキューを食べている私が暇そうにしていると映り、尋ねやすかったのであろう。また前日に、稲荷神社に行こうと誘われたことを覚えていたのかもしれない。いずれにせよヒカリには、外界に対して主体的、創造的にかかわり合えない「萎縮」（土井 2008：47）が見られていたのであるから、自らの要求を満たすため、他者に助けを求めるという主体的行為に至った点は特筆すべきことである。そしてこのことには、前日の経験、すなわち、外界からの誘いかけに無理に同意せず、自分の感じたままに振る舞っても事態は悪化しなかったという経験が影響を及ぼしている可能性があると考えられる。

ヒカリにとって、私という「ひと」は、「焼けた肉のありかを尋ねる相手」として、焼けた肉という「もの」は、「ありかを尋ねて探すもの」として、また焼けた肉を食べるということは「特定の他者に働きかければ可能になること」として認識されたと言える。

(5) 長財布——ハヤテの場合

ハヤテ（仮名）	児童養護施設で生活する被虐待経験のある男児（中1）
	「全国・西和賀まるごと児童養護施設事業」に参加
私	調査者（男性）

【エピソード】

　ハヤテが参加した「自然探索・川遊び」の活動は、山あいに分け入った渓流でおこなわれた。滝を目指して川をさかのぼると渓流釣りのポイントがあるらしい。アウトドア活動に精通しているボランティアスタッフと一緒に釣りに行く、川に入って石を拾って遊ぶ、焚火の番をする等、それぞれの活動が始まった。

　ひとしきり遊んだあと、子どもは大きな石や切り株の上等、思い思いの場所に腰掛けてお弁当を食べ始めた。私は、子どもから少し離れたところで倒れていた木に腰を掛け、子どもと同じお弁当を食べた。

　昼食後、ブナ林の木漏れ日を感じながら、川遊びに興じる子どもの姿をのんびりと眺めていた。すると細身で長身のハヤテが近づいてきた。ハヤテは、お弁当を食べている時に視界に入ってはいたが、特に何かかかわりがあったわけではなかった。

　いきなりハヤテは、「おじさん、財布、預かってくれる？」と単調な口調で私に告げた。ハヤテの周りでは、暇そうにしているおとなは私しかいなかったし、川遊びに長財布は邪魔になるのだろうと思い、即座に「いいよ」と応え、長財布を預かった。すると間髪をいれず、「5,420円入っているから」と長財布の中に入っている金額を告げた。「わかった」と応えた後、5,420円という金額を頭の中ではんすうした。

　しばらく川遊びを楽しんだハヤテは、再び私に近づいてきた。さきほどと同様に単調な口調で、「おじさん、財布ある？」と尋ねた。そこで「あるよ」と今度ははっきりと応えた。私の返事を聞くと、ハヤテはすぐさま背を向けて、先ほどまで一緒に遊んでいた年下の子どものところへ戻っていった。川の中で遊んでいるハヤテの後姿をぼんやり眺めていると、不意にハヤテが私の方へ振り向いた。今度は何か言ったわけではない。しかしその目は、「おじさん、財布は大丈夫？」と語っていたので、私も彼の顔を見ながら、無言で、だがしっかりと、「大丈夫だよ」と頷いた。その後、ハヤテは長財布をめぐって確認をすることはなかった。（調査：2012年8月23日）

【エピソードから見えてくること】

　小柄な子どもが多い中で、細身で長身のハヤテは目につく存在であり、お弁当を食べている時にもハヤテは私の視界に入っていた。しかし何のかかわりもなかったので、ハヤテにとって、私という「ひと」は、「スタッフではないおとなの人」として認識されていたと言える。

　また、ハヤテにとって、ズボンの後ろポケットに入れられていた長財布という「もの」は、「肌身離さず持つもの」として認識されていたに違いない。なぜなら被虐待児にとってお金というものは、特別な意味をもっているからである。たとえばそれは、お金への執着は将来に対する不安の表れ（谷口 2011）である、お金は身の危険を感じたときにいつでもその場から逃げだすための安心と安全を担保するものである（土井 2008）、親からもらうお金が唯一、親の存在を感じさせてくれるものである（松川 1999）等、様々である。したがって、お弁当を食べている時は、ハヤテにとって、スタッフではないおとなの人に5,420円ものお金が入った長財布を預けるという「こと」は、「考えも及ばないこと」として認識されていたと言える。

　川遊びが始まってしばらくすると、ハヤテは、私に長財布を預かってくれるかどうかについて打診し、了解を得てそれを預けることになった。川遊びでは長財布が邪魔になり、川遊びに熱中してそれを川に落とすようなことになっては人生の一大事であると思ったのであろう。ところが、当時の私は、被虐待児にとって、お金が先に述べたような特別な意味を持っていることに思い至らなかった。そのようなこともあり、ハヤテは長財布を預けた後、それがどれほど大切なものであるのかという点で私との間に温度差があるのを敏感に感じとったようである。そのため、くりかえし所持金や長財布の保管について確認した。そのうちに私も、長財布の中身を10円単位で覚えており、繰り返し長財布の存在を確かめるのは、よほどそれが気になっているのだろうと思い始め、ハヤテの不安を打ち消すかのように長財布の保管についてはっきり伝えるようになった。

　長財布の保管を確認するハヤテに対して、私が無言のまましっかり頷いたのを最後に、確認するやりとりはなくなった。この時点で、ハヤテにとって、私という「ひと」は「長財布を預ける相手」として、長財布という「もの」

は、「特定の他者なら預けてよいもの」として、また長財布を預けるという「こと」は、「特定の他者に頼んでもよいこと」として認識されたと言える。

(6) 集合写真――ハヤテの場合

ハヤテ（仮名）	児童養護施設で生活する被虐待経験のある男児（中1）
	「全国・西和賀まるごと児童養護施設事業」に参加
私	調査者（男性）

【エピソード】
　まるごと事業最終日、宿舎である「清吉稲荷」の掃除をみんなでした後、お別れの会をおこなった。何十畳もある畳敷きの大広間で車座になり、参加者の1人ひとりが、自分なりの言葉で5日間を振り返った。私は1人ひとりの子どもの姿のあれこれを思い出しながら、しみじみとした気もちで子どもの語りに耳を傾けていた。
　お別れの会の終了後、全員で記念の集合写真を撮ることになった。青空のもと、自然に囲まれた清吉稲荷をバックにした写真は、いつまでも心に残る思い出になるだろうと思われた。
　写真係のスタッフが参加者に声をかけると、小学生は我先にと庭先の方に駆けて行った。私はそのような子どもの後ろからゆっくりと歩いていった。すると偶然、ハヤテも私と同じようにゆっくりと歩いていた。私は、ハヤテの長財布を預かったことをきっかけにして彼と親しくなっていた。まるごと事業の期間中、ハヤテのペットボトルや靴下、虫よけスプレーや棒切れ等を預かる〈荷物預かり人〉になっていた。庭先に向かって歩いている途中、ハヤテと私は、偶然に一度だけ目は合ったが、言葉を交わす等、特別なアクションを起こすことはなかった。
　庭先に出ると、写真係のスタッフが、子どもに前の方の列に並ぶようにと促していた。それにもかかわらずハヤテは、私に前の方へと促す仕草をしたので、私も「主役なんだから（ハヤテこそ）前に行ったら」と言いながら、

彼に前の方へと促す仕草をした。それでも相変わらず渋るような様子だったので、この数日間、彼の荷物を預かってきた気安さから、さらに促すつもりで、彼の肩に右手を軽く置いた。私の手がハヤテの肩に触れた瞬間、ハヤテは感電したかのように私から飛び離れ、恐怖と悲しみと驚きが入り混じったような顔つきで、私の顔を睨んだのである。（調査：2012年8月26日）

【エピソードから見えてくること】

　まるごと事業最終日、宿舎でおこなわれたお別れの会に参加者一同が会した。お別れの会では全員が、自分の言葉でそれぞれの5日間を振り返り、子どももおとなも真剣にそれに耳を傾けていた。

　お別れの会終了後、庭先で記念の集合写真を撮ることになった。庭先に駆けて行く小学生の後ろから、ハヤテと私はゆっくりと歩いて行った。この時点では、ハヤテにとって、私という「ひと」は、「持ち物を預ける人」として、私の手という「もの」は、荷物を預ける際の「都合のよいもの」として認識されていたと言える。なぜなら私は、ハヤテの長財布を預かったことをきっかけにして、彼の持ち物であるペットボトルや靴下、虫よけスプレーや棒切れ等を保管するようになったからである。

　庭先では写真係のスタッフが子どもに、前の方に並ぶようにと促していたにもかかわらず、ハヤテは前に行く気配を見せなかった。それだけでなくハヤテは、私に向かって前に行くようにという仕草をした。そこで私は、スタッフと同様に、ハヤテに前の方に並ぶよう促したが、彼はそれに従うことはなかった。したがってハヤテにとって、前の方に行くという「こと」は、「気乗りがしないこと」として認識されていたと言える。

　ハヤテが私に前に行くような仕草をしたのは、ハヤテが目立つことを嫌うためなのか、あるいは、私に対する親愛の情を示すためなのかは判然としない。いずれにせよ、記念の集合写真の主役は子どもであるのだから、ハヤテの方こそ前の列に並ぶべきであると考えていた。そこで私は、被虐待児にとっての身体接触の意味を考えることなくハヤテの肩に触れてしまい、その結果、ハヤテは私から飛び離れ、恐怖と悲しみと驚きが入り混じったような顔つきで私の顔を睨んだのである。土井（2008：68）によると、「一般に子ども

と心を通わすのには、目線を合わせ、肩や背中に手をやる身体的な接触が有効である」が、「虐待を受けた子どもは、(略)身体接触を侵入的に受け取って、思わぬ反応をしてしまう」という。たとえば、「肩に手を置いた瞬間、1メートルほど飛び」のく、あるいはまた「ゲンコツをゴツンと頭にあてるまねをすると、両の手で頭をガードする姿勢」をとる等である。

　おそらく児童養護施設の職員は、ハヤテの身体接触に関して「適度の間合いをとって接触する」(土井 2008：68)等の細心の注意を払っていたであろう。そうであるとすれば、ハヤテにとって、私という「ひと」は、「自分に危害を及ぼす可能性のある人」として、私の手という「もの」は、「恐怖と悲しみと驚きを引き起こすもの」として認識されたと言える。特に後者に関しては、「恐怖と悲しみと驚き」が条件反射のように生じたのであるから、そこでは「手」が身体の一部であるというよりも、むしろ物体として、つまり「もの」として強く認識されていたに違いない。そして、ハヤテにとって、前の方に行くということは、役割の曖昧な他者である「特定の他者から促されても気乗りがしないこと」として認識されたと言える。

　みどり学園を初めて訪問し、ホームスティ事業に参加した子どもにインタビューをした時のことである。「ホームスティを終えて学園に帰る車の中で、友だちとホームスティの話をしていて、"○○さんちの方がよかった"、"△△さんちであればよかったのに" なんて思うことはないの?」と尋ねると、当時中学3年生だったその子は、「いえ、ホームスティは、何をしてもらったかではなく、何をしたかですから」と即座に、きっぱりと答えた(聞き取り：2011年8月27日)。まるごと事業に参加した子どもに同様の問を投げかけても、おそらく多くの子どもからよく似た言葉が聞けるのではないかと思われる。

　ホームスティ事業に参加した子どもも、まるごと事業に参加した子どもも、ともに、同じような応答になるとすれば、地域養護活動というものが、子どもにとって、他者から「何をしてもらったか」ではなく、自分で「何をしたか」が記憶に刻まれる活動であると言えるであろう。

ホームスティ受け入れと振り返りの会

子どもたちの受け入れにあたりこんな事を申し合わせました。

子どもは常に発達・成長中である。
子どもの育ちは個々に違うことを理解する。
しつけは自分の子育てを思い出しやってみる。
それぞれの家庭の味はそれぞれであることを理解していただく。

沢山のおとなと接する子どもは、自分なりにそのおとなたちを思い出し、人生の参考にする。

子どもたちは自然で遊び、草花や昆虫との出会いを喜ぶ。

自転車に乗れた喜びは、普段できない体験として喜ぶ。
初めての家庭生活に不思議や楽しさを全身で感じる。
家庭料理や収穫の手伝い。
川の字に寝る、ひとりで入浴する、自分のためだけに本を読んでもらう。

ゲーム機器の取り扱いはどうするか。
添い寝はどう対応するか、年齢や発達年齢によって違うので一人一人の対応になる。
おこづかいの金額はどうするか。
それぞれの受け入れ家庭の心配事の相談をする振り返りの会は自分たちの学習の場となっている。
「普通」の家庭生活の「普通」の大事さを子どもたちから学ぶ。

> 「今月は来ないの」、「また来ているの」、「元気そうだね」の声掛けをするお隣さんに不思議がる子を見ながら、ご近所さんからのお誘いなどは、まさに地域養護のひとつになる。(髙橋千賀子)

【引用文献】

麻生 武・高橋菜穂子 (2013)「人との関係に問題をもつ子どもたち」『発達』34, 86-94.

土井高徳 (2008)『神様からの贈り物 里親土井ホームの子どもたち── 希望と回復の物語』福村出版.

藤岡孝志 (2009)「児童養護施設における養育困難児童への対処に関する研究 ──レジデンシャル・マップの活用と愛着臨床アプローチ (CAA) を通して」『日本社会事業大学研究紀要』56, 23-43.

増沢 高 (2009)『虐待を受けた子どもの回復と育ちを支える援助』福村出版.

松川嘉樹 (1999)「救世軍機恵子寮における処遇困難児童のアフターケアの実際」『児童養護』30 (1), 14-18.

庄司順一・谷口和加子・髙橋重宏・ほか (1997)「児童養護施設におけるアフターケアに関する研究」『日本子ども家庭総合研究所紀要』34, 7-15.

谷口由希子 (2011)『児童養護施設の子どもたちの生活過程 ── 子どもたちはなぜ排除状態から抜け出せないのか』明石書店.

第4章 子どもにとっての地域養護活動の意味

どの子もかわいい！

　私と「みどり学園」との関わりは、今から約20年前、保育所勤務の時からです。夏季転住の際に、園生が夏休みを利用して4、5日間、保育所にボランティアとして入り、保育者の手伝いをしたり子どもたちと遊んでくれたりしました。突然、知らない場所に来てのボランティアであり、保育所には1人で来ることがほとんどでしたから、最初の2日間ぐらいは緊張していて表情もこわばっていたのですが、子どもが「遊んで！」と近づいていくので次第に表情も和らぎ、子どもを抱っこしてあげたり、子どもと追いかけっこしたりと仲良しになっていきました。お別れをする時には、少しだけ自信ありげに帰る園生の背中が何とも言えませんでした。また学園からは、幼児さんもやってきて保育所の子どもたちと交流しました。小さい子どもたちは自然と仲良しになり、お互いがうちとけるのに時間はかかりませんでした。
　ホームスティの受け入れについては、「いのちネット」の方から「いつも集団の中で生活している学園の子どもに家庭の味を味あわせたい」という趣旨を聞き、たいそうなことはできないけれど少しならお手伝いできるかもと考え、始めました。
　夏のホームスティ受け入れの日、里帰りしていた娘家族が花火大会に出かけることになり、受け入れていたちょっとやんちゃな2人の姉弟が、娘家族を見送ることになりました。私も娘も、親子で出かける姿を目のあたりにして、2人はどんなにうらやましいと思っただろうと心痛めたものでした。
　娘家族が出かけた後は、「よーし、おじいちゃんとおばあちゃんといっぱい遊ぼう」ということで、スーパーで夕食の買い物をしたり、1人300円と決めておやつを買い帰りの車の中でパクついたり、家の周りでトンボ捕りや追いかけっこをし

たりして過ごしました。夜には手持ち花火をし、一緒にお風呂に入る頃には2人はもうくたくたで目がトロンとなっていました。花火大会に行っていた娘の子どもが、「ホームスティしていた子たちと遊びたい」と言ったとの事で、娘家族は2人が眠る前に帰ってきたのですが、その晩は、どちらも疲れていてお互いに顔を合わせただけでした。

　次の日の朝食後、みんなで外に出てトンボ捕りや自転車で遊んでおしゃべりしていた時、娘の子ども（6歳と3歳）が父親にまとわりつくのを見て、ホームスティしていた男の子（4歳）がごく自然に「お父さん！」と飛んで行って抱かれたのです。受け入れる方も自然体であり、それはとてもほほえましい光景でした。その後も肩車をしてもらったりして、しばしスキンシップを共有し、ほろりとさせられた場面でした。

　つい、こんなかわいい子たちがどうして親と離れ離れで暮らさなくてはならないのだろうと、とても悲しい気持ちにさせられますが、まずは、1個人として、このような子どもたちに関心を持ち続け、できる事から始めることだと思っています。

（志賀久満喜子）

　第3章では、地域養護活動の実際について8人の子どもをめぐるエピソードを記述し、被虐待経験のある子どもの特徴をふまえて考察した。この章では、まず、地域養護活動に参加した子どもの経験を、子どもをめぐる「ひと・もの・こと」の観点から検討することをとおして、かれらの認識がどのようになっているのかを読み解く。次に、そのような子どもの認識が、児童養護施設退所後に子どもが直面する生活困難の軽減につながる可能性を探ってみたい。

1　地域養護活動に参加した子どもの経験

(1) 子どもの認識が拡がる

　第3章の【エピソードから見えてくること】では、子どもが自分と自分を

めぐる「ひと・もの・こと」との関係をどのように認識しているのかを読み解いた。その際、子どもの「ひと」に関する認識、「もの」に関する認識、「こと」に関する認識は一様でなかったことを思い出してほしい。以下では、「洗濯物」のエピソードを例に用いて説明する。

コダマが登場する「洗濯物」のエピソードは次のようなものであった。はくたかのおじさんは、あらかじめ業務用のかき氷カップを用意してコダマらがホームスティにやって来るのを心待ちにしていた。しかしおじさんは、かき氷を作ること以外の場面では、特にコダマらと一緒に遊んだりするわけではなかった。夕刻、コダマらがゲームで遊んでいると、窓の外で、おじさんが庭に干してあった洗濯物を取り込む姿があった。すると突然、ガラリと窓が開き、おじさんがコダマに洗濯物を受け取るように呼びかけた。コダマはおじさんから窓越しに両腕いっぱいの洗濯物を受け取り、少しおどけながら洗濯物を運んだ。

このエピソードでは、コダマにとって、はくたかのおじさんという「ひと」に関する認識は、「かき氷を作ってくれる人」と「手助けをする相手」の2通りであった。コダマの認識における両者の関係は、「かき氷を作ってくれる人」という理解がなくなり、「手助けをする相手」という理解が新たに生じたのではない。「かき氷を作ってくれる人」という理解が残されたまま、そこに「手助けをする相手」という理解が加わったととらえることができる。コダマの洗濯物という「もの」に関する認識も、「他者が取り込むもの」と「特定の他者から受け取るもの」の2通りであった。コダマの認識における両者の関係は、「他者が取り込むもの」という理解が残されたまま、そこに「特定の他者から受け取るもの」という理解が加わったととらえることができる。コダマの洗濯物を受け取るという「こと」に関する認識も、「思いもよらないこと」と「特定の他者に対して役に立てること」の2通りであった。コダマの認識における両者の関係は、「思いもよらないこと」という理解が残されたまま、そこに「特定の他者に対して役に立てること」という理解が加わったととらえることができる。

このようなことから、コダマの「ひと・もの・こと」に関する認識は、次のように形成されていると言える。コダマにとって、はくたかのおじさんと

いう「ひと」に関する認識は、「かき氷を作ってくれる人」という理解が残されたまま、そこに「手助けをする相手」という理解が加わるというようにして形成されている。洗濯物という「もの」に関する認識は、「他者が取り込むもの」という理解が残されたまま、そこに「特定の他者から受け取るもの」という理解が加わるというようにして形成されている。洗濯物を受け取るという「こと」に関する認識は、「思いもよらないこと」という理解が残されたまま、そこに「特定の他者に対して役に立てること」という理解が加わるというようにして形成されている。

　他のエピソードについても、子どもの認識がどのようにして形成されているのかを「ひと・もの・こと」の観点から検討する。

【自転車】
　ノゾミが登場する「自転車」のエピソードを振り返っておく。こまちさん宅には、ノゾミが興味を抱けるような遊具がなかった。そのため、こまちさん宅に到着した当初、ノゾミはツルギと一緒に猫車を押して遊んでいた。やがて、それにも飽きたので仕方なく、こまちさん宅の納屋にあった古い自転車を借りて遊ぶことになる。自転車に乗れなかったノゾミは、おとなたちに見守られながら、庭先でツルギと一緒に自転車に乗る練習を始めたが、その日のうちに自転車に乗れるようにはならなかった。帰る日の朝、ノゾミは再びツルギと一緒に自転車に乗る練習をしたいとこまちさんに申し出る。早朝であったため、ツルギの祖母への気遣いからためらいもあったが、こまちさんはノゾミの願いをかなえ、ツルギの祖母宅へ行くことを認める。このような出来事を経て、翌朝、ノゾミは自転車に乗れるようになった。

　このエピソードでは、ノゾミにとって、こまちさんという「ひと」に関する認識は、「見守ってくれる人」という理解が残されたまま、そこに「要求を受けとめてくれる人」という理解が加わるというようにして形成されている。ツルギという「ひと」に関する認識は、「一緒に遊ぶ人」という理解が残されたまま、そこに「力を貸してくれる人」という理解が加わるというようにして形成されている。自転車という「もの」に関する認識は、「力が試されるもの」という理解が残されたまま、そこに「乗ってみたいもの」とい

う理解が加わるというようにして形成されている。自転車に乗るという「こと」に関する認識は、「仕方なくおこなうこと」という理解が残されたまま、そこに「特定の他者と一緒に成し遂げたいこと」という理解が加わるというようにして形成されている。

【ミニかまくら】
　ミズホが登場する「ミニかまくら」のエピソードを振り返っておく。なすのさんの家の外は、一面、真っ白な雪景色であった。ミズホと一緒にホームスティにやって来たもう1人の女の子は、雪遊びができる戸外に行きたそうな様子であるが、ミズホは寒い戸外に出て遊ぶよりも、こたつの中で本を読んでいたいと言う。そのため、日中の大半は、なすのさんとミズホらが3人でこたつに入ってまぁるくなって過ごすことになった。しかし、あたりが暗くなってきた頃、なすのさんは、雪あかりをミズホらに見せてあげたいという思いから、2人を戸外に誘った。1週間前に作られたミニかまくらを3人で修復し、その中にろうそくの灯をともした時、ミズホは思わず「あぁ、きれいだわぁ」とつぶやく。そのような場面でミズホは、なすのさんから「だから、一緒につくりたかったんだよ」と伝えられた。
　このエピソードでは、ミズホにとって、なすのさんという「ひと」に関する認識は、「こたつでまぁるくなって過ごす人」という理解が残されたまま、そこに「自分を心待ちにしてくれる人」という理解が加わるというようにして形成されている。ミニかまくらという「もの」に関する認識は、「修復すべきもの」という理解が残されたまま、そこに「美しいと感じるもの」という理解が加わるというようにして形成されている。ミニかまくらを修復するという「こと」に関する認識は、「寒くて嫌なこと」という理解が残されたまま、そこに「特定の他者と一緒に楽しめること」という理解が加わるというようにして形成されている。

【蝶々や花】
　サクラが登場する「蝶々や花」のエピソードを振り返っておく。サクラはホームスティに行くことを積極的に希望していたわけではなかった。しかも

ホームステイに来てみると、そこには、カラオケやゲームセンター等、サクラが行ってみたいと思うような施設はまったくなく、ただ、蝶々や花等の自然だけがあった。自分を迎えに来てくれたホストファミリーである、ときさんが運転する車の中で、独り言のように不満を口にするサクラに、ときさんは、「だから、あなたたちに来てもらったの」と伝える。翌朝、自らときさんに、蝶々や花の存在を伝えるサクラの姿があった。

このエピソードでは、サクラにとって、ときさんという「ひと」に関する認識は、「迎えにきてくれる人」という理解が残されたまま、そこに「自分たちを必要としてくれる人」という理解が加わるというようにして形成されている。蝶々や花という「もの」に関する認識は、「目に映るもの」という理解が残されたまま、そこに「魅力のあるもの」という理解が加わるというようにして形成されている。蝶々や花を発見するという「こと」に関する認識は、「期待していないこと」という理解が残されたまま、そこに「特定の他者に伝えたいこと」という理解が加わるというようにして形成されている。

【ひじつき椅子】

ツバメが登場する「ひじつき椅子」のエピソードを振り返っておく。日中は、あさまさんを含む西和賀町の川下りボランティアの協力のもと、ゴムボートによる川下りを楽しんだ。夕方からは、宿泊先の古民家の庭先でバーベキューを堪能していたが、終盤になって突然の夕立に見舞われた。その後、とっぷりと日が暮れた雨上がりの漆黒の闇の中、かすかに炭火が残っているバーベキューコンロを挟んで、2脚のひじつき椅子がおよそ90度の角度で並んでいた。最初は、おとなたちがその椅子に腰かけ煙草をくゆらせていたが、そのうちの1人が席を立ち、あさまさんだけが椅子に座っている状態になった。やがて、ツバメは空いている方の椅子に小さな体をすっぽりすべりこませていた。椅子に腰かけた2人は同じ方向に目をやり、ゆったりとした雰囲気で暗闇の遠くを見ているだけであった。

このエピソードでは、ツバメにとって、あさまさんという「ひと」に関する認識は、「川下りをサポートしてくれる人」という理解が残されたまま、そこに「傍にいて安心を与えてくれる人」という理解が加わるというように

して形成されている。ひじつき椅子という「もの」に関する認識は、「おとなが使うもの」という理解が残されたまま、そこに「子どもも使うことができるもの」という理解が加わるというようにして形成されている。ひじつき椅子に座るという「こと」に関する認識は、「子どもの自分にはためらわれること」という理解が残されたまま、そこに「特定の他者と何気ない時間を一緒に過ごすこと」という理解が加わるというようにして形成されている。

【ホタル】

ツバサが登場する「ホタル」のエピソードを振り返っておく。就寝時刻が迫る頃、ツバサはホタル（クロマドホタルの幼虫）を探しに出かけた。ツバサは、ホタルを持ったままでは別のホタルを捕まえることができないので、ただホタルを見たいという思いだけで彼の後を追った私（調査者）に、捕まえたホタルを手渡し、手をかごのようにして持つように促す。そして、ホタル探しに熱中したツバサは、漆黒の闇の中をどんどん宿舎から離れて歩いていく。そのようなツバサに対し、とうに過ぎているに違いない就寝時刻が気になり、なんとかホタル探しを終わらせたい私が、ツバサに帰ろうと促すが彼の同意が得られない。ツバサのことを気にしながらも、とうとう、宿舎に向かって歩き始めた。少し歩いた時、後ろから伸びてきたツバサの手が私の手をつかまえた。

このエピソードでは、ツバサにとって、私という「ひと」に関する認識は、「ホタルを見にきた人」という理解が残されたまま、そこに「手をつなぎにいく相手」という理解が加わるというようにして形成されている。ホタルという「もの」に関する認識は、「自分が見つけるもの」という理解が残されたまま、そこに「特定の他者に委ねるもの」という理解が加わるというようにして形成されている。手に触れるという「こと」に関する認識は、「楽しみを持続するために必要なこと」という理解が残されたまま、そこに「特定の他者と満足感を共有すること」という理解が加わるというようにして形成されている。

【稲荷神社】

　ヒカリが登場する「稲荷神社」のエピソードを振り返っておく。真夏の直射日光に難儀していた私たち（調査者）は、1人で石と石をぶつけて時間を過ごしていたヒカリと一緒にワゴン車に乗って川原を後にした。宿舎に戻り、アイスクリームを食べて一息ついた後、裏山にある稲荷神社に出かけることにした私たちは、ヒカリも誘うことにした。彼は1人で黙々とゲームの攻略本を読んでいたので、少し離れたところから「（稲荷）神社に一緒に行く？」と声をかけた。かすかに首が横に振れたように感じられたので、私たちはヒカリを残して稲荷神社に向かった。稲荷神社から戻ってきた時も、ヒカリは相変わらず、1人で黙々とゲームの攻略本を読んでいた。

　このエピソードでは、ヒカリにとって、私たちという「ひと」に関する認識は、「車に一緒に乗る人」という理解が残されたまま、そこに「自分たちだけで神社に行く人」という理解が加わるというようにして形成されている。稲荷神社という「もの」に関する認識は、「耳にしたことのあるもの」という理解が残されたまま、そこに「目的地となるもの」という理解が加わるというようにして形成されている。稲荷神社に行こうと誘われるという「こと」に関する認識は「突拍子もないこと」という理解が残されたまま、そこに「特定の他者であれば同意せずともおびやかされないこと」という理解が加わるというようにして形成されている。

【焼けた肉】

　ヒカリが登場する「バーベキュー」のエピソードを振り返っておく。緊張感と達成感のある川下りを終えた日の夕刻、町の川下りボランティアも招いて、宿舎の庭先でバーベキューがおこなわれた。ヒカリも私（調査者）も、スタッフに焼けた肉や野菜を給仕してもらいバーベキューに舌鼓をうっていた。ところが途中で雷が鳴り始め、空が真っ暗になってきた。スタッフは片づけに忙しくなり、誰も給仕してくれる人がいなくなった。そのような状況下で、これまでの数日間、ほとんど自分から話をすることのなかったヒカリが、紙皿と箸をもったまま庭先をただようかのごとくさまよい始めた。そして、あわただしく片づけをしている人たちの中で、まだのんびりとバーベキ

ューを食べていた私に向かって、焼けた肉のありかを尋ねた。

　このエピソードでは、ヒカリにとって、私という「ひと」に関する認識は、「バーベキューを食べる人」という理解が残されたまま、そこに「焼けた肉のありかを尋ねる相手」という理解が加わるというようにして形成されている。焼けた肉という「もの」に関する認識は、「給仕されるもの」という理解が残されたまま、そこに「ありかを尋ねて探すもの」という理解が加わるというようにして形成されている。焼けた肉を食べるという「こと」に関する認識は、「座っているだけで可能になること」という理解が残されたまま、そこに「特定の他者に働きかければ可能になること」という理解が加わるというようにして形成されている。

　【長財布】
　ハヤテが登場する「長財布」のエピソード振り返っておく。山あいの渓流で川遊びが始まった時、ハヤテは肌身離さず大事にしていた長財布をズボンの後ろポケットに入れたまま川に入っていた。しかし、川遊びに熱中して長財布を川の中に落とさないか心配になったのであろう。スタッフではないが、ハヤテの目につくところで暇そうにしているおとなである私（調査者）に、彼は長財布を預けることにした。しかし、長財布を受け取った私の態度に、その大切さが伝わっていないのではないかとハヤテは不安を覚える。そのような中、ハヤテは、私に長財布の大切さをわかってもらえるように、私との間でやりとりを繰り返した。

　このエピソードでは、ハヤテにとって、私という「ひと」に関する認識は、「スタッフではないおとなの人」という理解が残されたまま、そこに「長財布を預ける相手」という理解が加わるというようにして形成されている。長財布という「もの」に関する認識は、「肌身離さず持つもの」という理解が残されたまま、そこに「特定の他者なら預けてよいもの」という理解が加わるというようにして形成されている。長財布を預けるという「こと」に関する認識は、「考えも及ばないこと」という理解が残されたまま、そこに「特定の他者に頼んでもよいこと」という理解が加わるというようにして形成されている。

【集合写真】

　ハヤテが登場する「集合写真」のエピソードを振り返っておく。お別れの会の終了後、宿舎になっていた古民家をバックに記念の集合写真を撮ることになった。写真を撮る係のおとなが子どもは前の列に並ぶように促しているにもかかわらず、ハヤテは私（調査者）に前に行くようにという仕草をした。長財布を預かったことをきっかけとしてハヤテの〈荷物預かり人〉になっていた私は、ハヤテこそ前に行くようにと促すつもりで彼の肩に右手を軽く置いた。私に触れられた瞬間、被虐待経験が蘇ったのであろう。ハヤテは恐怖と悲しみと驚きが入り混じったような顔つきで私の顔を睨んだ。

　このエピソードでは、ハヤテにとって、私という「ひと」に関する認識は、「持ち物を預ける人」という理解が残されたまま、そこに「自分に危害を及ぼす可能性のある人」という理解が加わるというようにして形成されている。私の手という「もの」に関する認識は、物を預ける際の「都合のよいもの」という理解が残されたまま、そこに「恐怖と悲しみと驚きを引き起こすもの」という理解が加わるというようにして形成されている。前の方に行くという「こと」に関する認識は、「気乗りがしないこと」という理解が残されたまま、そこに「特定の他者から促されても気乗りがしないこと」という理解が加わるというようにして形成されている。

　地域養護活動において、子どもの認識がどのように形成されているのかに関して「ひと・もの・こと」の観点から検討した結果、子どもの認識は、「元の理解が残されたまま、そこに新たな理解が加わる」というようにして形成されていることがわかった。「元の理解が残されたまま」であるとい

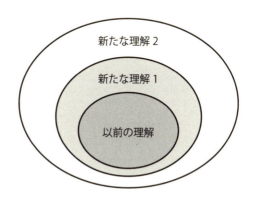

図4-1　認識が拡がるイメージ

うことは、物事の本質や意義等に関する元々の理解が残されているということである。「そこに新たな理解が加わる」ということは、ある物事の本質や意義等に関する元々の理解に変化が生じることなく、物事の本質や意義等に関する新たな理解が付け加わっていくということである。つまり子どもの認識は、元の認識を包み込むようにして拡がっているのである。認識が拡がるイメージについては図 4-1 を、「ひと・もの・こと」に関して具体的にどのようにして認識が拡がっているのかについては表 4-1 を参照されたい。

(2) 多面性を帯びたものであると認識する

　地域養護活動に参加していると、時々、子どもから「どこから来たの」、「どこに泊るの」、「いつまでいるの」、「誰のお母さん／お父さんなの」というような質問を受けた。おそらくこのような問いを繰り返しながら、子どもは、私たち調査者のことを、「遊ぶ様子を見に来た人」に加えて、県外から来た人、自分たちがお風呂に入りに行くところで泊っている人、明日もまだいる人、そして、誰のお母さん／お父さんでもない人というように、多岐にわたる新たな理解を加えながら、私（調査者）という人間を様々な側面から理解していったのであろう。認識の拡がりとは、このように、1 人の人間に関する様々な側面からの理解の積み重ねであると言える。人をめぐる「ひと・もの・こと」に関する認識の拡がりについて、「長財布」のエピソードを例に用いてさらに詳しく検討したい。

　ハヤテにとって私という「ひと」に関する認識は、「スタッフではないおとなの人」という理解が残されたまま、そこに「長財布を預ける相手」という理解が加わるというようにして形成されているが、そのプロセスにおいては、さらに複数の認識が認められる。たとえば、川遊びが始まってしばらくすると、私に財布を預かってくれるかどうかについて打診したわけであるから、ハヤテにとって私は、「大切なものを一時的に預けてよい人」として認識されている。それにもかかわらず、財布を預けた私に、所持金や財布の保管について、くりかえし確認しているということは、ハヤテにとって私は、「大切なものを完全には任せられない人」として認識されている。

　ハヤテの私に関する認識の拡がりは、「スタッフではないおとなの人」、

表4-1 子どもの認識の拡がり

児童養護施設の子ども	エピソード名	ひと 前	ひと 後	もの 前	もの 後	こと 前	こと 後
コダマ	洗濯物	【はくたかのおじさん】かき氷を作ってくれる人	【はくたかのおじさん】手助けをする相手	【洗濯物】他者が取り込むもの	【洗濯物】特定の他者から受け取るもの	【洗濯物を受け取ること】思いもよらないこと	【洗濯物を受け取ること】特定の他者に対して役に立てること
ノゾミ	自転車	【こまちさん】見守ってくれる人 【ツルギ】一緒に遊ぶ人	【こまちさん】要求を受けとめてくれる人 【ツルギ】力を貸してくれる人	【自転車】力が試されるもの	【自転車】乗ってみたいもの	【自転車に乗ること】仕方なくおこなうこと	【自転車に乗ること】特定の他者と一緒に成し遂げたいこと
ミズホ	ミニかまくら	【なすのさん】こたつでまるくなって過ごす人	【なすのさん】自分を心待ちにしてくれる人	【ミニかまくら】修復すべきもの	【ミニかまくら】美しいと感じるもの	【ミニかまくらを修復すること】寒くて嫌なこと	【ミニかまくらを修復すること】特定の他者と一緒に楽しめること
サクラ	蝶々や花	【ときさん】迎えにきてくれる人	【ときさん】自分たちを必要としてくれる人	【蝶々や花】目に映るもの	【蝶々や花】魅力のあるもの	【蝶々や花を発見すること】期待していないこと	【蝶々や花を発見すること】特定の他者に伝えたいこと
ツバメ	ひじつき椅子	【あさまさん】川下りをサポートしてくれる人	【あさまさん】傍にいて安心を与えてくれる人	【ひじつき椅子】おとなが使うもの	【ひじつき椅子】子どもも使うことができるもの	【ひじつき椅子に座ること】子どもの自分にはためらわれること	【ひじつき椅子に座ること】特定の他者と何気ない時間を一緒に過ごすこと
ツバサ	ホタル	【私（＝調査者）】ホタルを見にきた人	【私（＝調査者）】手をつなぎにいく相手	【ホタル】自分が見つけるもの	【ホタル】特定の他者に委ねるもの	【手に触れること】楽しみを持続するために必要なこと	【手に触れること】特定の他者と満足感を共有すること
ヒカリ	稲荷神社	【私たち（＝調査者）】車に一緒に乗る人	【私たち（＝調査者）】自分たちだけで神社に行く人	【稲荷神社】耳にしたことのあるもの	【稲荷神社】目的地となるもの	【稲荷神社に行こうと誘われること】突拍子もないこと	【稲荷神社に行こうと誘われること】特定の他者であれば同意せずともおびやかされないこと
ヒカリ	焼けた肉	【私（＝調査者）】バーベキューを食べる人	【私（＝調査者）】焼けた肉のありかを尋ねる相手	【焼けた肉】給仕されるもの	【焼けた肉】ありかを尋ねて探すもの	【焼けた肉を食べること】座っているだけで可能になること	【焼けた肉を食べること】特定の他者に働きかければ可能になること
ハヤテ	長財布	【私（＝調査者）】スタッフではないおとなの人	【私（＝調査者）】長財布を預ける相手	【長財布】肌身離さず持つもの	【長財布】特定の他者なら預けてよいもの	【長財布を預けること】考えも及ばないこと	【長財布を預けること】特定の他者に頼んでもよいこと
ハヤテ	集合写真	【私（＝調査者）】持ち物を預ける人	【私（＝調査者）】自分に危害を及ぼす可能性のある人	【私の手】都合のよいもの	【私の手】恐怖と悲しみと驚きを引き起こすもの	【前の方に行くこと】気乗りがしないこと	【前の方に行くこと】特定の他者から促されても気乗りがしないこと

「大切なものを一時的に預けてよい人」、「大切なものを完全には任せられない人」、「長財布を預ける相手」等、多様な理解が積み重なりながら形成されている。

　ハヤテにとって長財布という「もの」に関する認識は、「肌身離さず持つもの」という理解が残されたまま、そこに「特定の他者なら預けてよいもの」という理解が加わるというようにして形成されており、そのプロセスにおいて、さらに複数の認識が認められる。たとえば、川遊びが始まってしばらくすると、私に財布を預かってくれるかどうかについて打診したわけであるから、ハヤテにとって長財布は、「誰かに預けておく方が邪魔にならないもの」として認識されている。それにもかかわらず、財布を預けた私に、所持金や財布の保管について、くりかえし確認しているということは、ハヤテにとって長財布は、「誰かに預けたままにはしておけないもの」として認識されている。

　ハヤテの長財布に関する認識の拡がりは、「肌身離さず持つもの」、「誰かに預けておく方が邪魔にならないもの」、「誰かに預けたままにはしておけないもの」、「特定の他者なら預けてよいもの」等、多様な理解が積み重なりながら形成されている。

　ハヤテにとって長財布を預けるという「こと」に関する認識は、「考えも及ばないこと」という理解が残されたまま、そこに「特定の他者に頼んでもよいこと」という理解が加わるというようにして形成されており、そのプロセスにおいて、さらに複数の認識が認められる。たとえば、川遊びが始まってしばらくすると、私に財布を預かってくれるかどうかについて打診したわけであるから、ハヤテにとって長財布を預けるということは、「ある場面ではとりあえず実行してもよいこと」として認識されている。それにもかかわらず、財布を預けた私に、所持金や財布の保管について、くりかえし確認しているということは、ハヤテにとって長財布を預けるということは、「一抹の不安がよぎること」として認識されている。

　ハヤテの長財布を預けるという「こと」に関する認識の拡がりは、「考えも及ばないこと」、「ある場面ではとりあえず実行してもよいこと」、「一抹の不安がよぎること」、「特定の他者に頼んでもよいこと」等、多様な理解が積

み重なりながら形成されている。

　このように見てくると、認識が拡がる経験をしたハヤテは、自分をめぐる「ひと・もの・こと」のそれぞれに関して、複数の認識を経験したことがわかる。言い換えれば、ハヤテが、自分をめぐる「ひと・もの・こと」のそれぞれが多面性を帯びたものであると認識するようになったということである。さらに、他のエピソードについて同じような検討を加えても同様の結果を得ることができるため、認識が拡がる経験をした子どもは、自分をめぐる「ひと・もの・こと」が多面性を帯びたものであると認識するようになると言える。

(3) 多面性を帯びた認識には負の側面も含まれる
　地域養護活動に参加した児童養護施設の子どもは、自分をめぐる「ひと・もの・こと」が多面性を帯びたものであると認識するようになる。では、その様々な側面に負の側面は含まれていないのであろうか。言い換えれば子どもは、地域養護活動をとおして、好意的とは言い難い経験をすることはないのであろうか。

　ここでは、ハヤテが登場する「長財布」と「集合写真」のエピソードを例に用いて考える。「長財布」のエピソードでは、ハヤテは川遊びに熱中し、長財布をなくしてしまわないように私（調査者）に財布を預けたのであるから、ハヤテにとって私に関する認識は、「スタッフではないおとなの人」という理解が残されたまま、そこに「長財布を預ける相手」という理解が加わるというようにして形成されている。両者の信頼関係という点からすれば、認識が拡がることをとおして正の側面が立ち現れたことになる。

　一方、「集合写真」のエピソードでは、ハヤテは、前列に並ぶように促されていたのにそうしなかったため、私に前列に行くように促される中で肩に触れられたのであるから、ハヤテにとって私に関する認識は、「持ち物を預ける人」という理解が残されたまま、そこに「自分に危害を及ぼす可能性のある人」という理解が加わるというようにして形成されている。両者の信頼関係という点からすれば、認識が拡がることをとおして負の側面が立ち現れたことになる。

ハヤテに関する 2 編のエピソードからわかるのは、子どもと子どもをめぐる「ひと・もの・こと」に関する認識が拡がるということは、子どもをめぐる「ひと・もの・こと」に関して、常に、好意的な理解が加わっていくというわけではなく、場合によっては、好意的でない理解も加わりながら拡がっていくということである。つまり、「ひと・もの・こと」が多面性を帯びているという認識には、負の側面も含まれているのである。
　地域養護活動に参加した子どもの経験とは、自分をめぐる「ひと・もの・こと」に関して、最初に出会ったときの印象だけがすべてではなく、その後の経験の積み重ねによって、それまで見えていなかった側面が見えてくるようになるということである。たとえば、よかったという第一印象がさらに強化される場合もあれば、よかったという第一印象とは異なるマイナスの印象が加えられる場合もある。あるいはまた、よくなかったという第一印象がさらに強化される場合もあれば、良くなかったという第一印象とは異なるプラスの印象が加えられる場合もある。つまり、地域養護活動に参加した子どもにとって、認識が拡がる経験をするということは、自分をめぐる「ひと・もの・こと」を、正の側面や負の側面を含めて様々な側面をもった多面性を帯びたものとして認識するようになるということなのである。

2　児童養護施設退所後の生活困難を軽減する可能性

(1) 外集団の関与により認識が拡がる

　地域養護活動のエピソードにおいて、「ひと・もの・こと」に関する子どもの認識が多面性を帯びたものとして拡がる際に関与している「ひと」は、はくたかのおじさん・こまちさん・なすのさん・ときさん（以上、ホストファミリー）、ツルギ（ホストファミリー友人の孫）、あさまさん（西和賀町の川下りボランティア）、私・私たち（調査者）であり、子どもにしてみれば、普段生活している施設では、出会う可能性のきわめて低い、生活の場を異にしていると感じる人であった。このように「所属もせず『かれら』としか意識されない集団」は、「個人がそこに属し、『われわれ』という共属感をもつ集団」である内集団に対して外集団と呼ばれる。したがって、子どもの認識が

多面性を帯びたものとして拡がる際に関与している「ひと」は、子どもから見れば、すべて、外集団に属する特定の「ひと」であると言える。

地域養護活動のエピソードにおいて、子どもの認識が多面性を帯びたものとして拡がる際に関与している「もの」は、洗濯物（外集団から託されるもの）、自転車（外集団から貸してもらうもの）、ミニかまくら・蝶々や花・ひじつき椅子・稲荷神社・私の手（以上、外集団にあるもの）、ホタル・長財布（以上、外集団に託すもの）、焼けた肉（外集団から供されるもの）であり、子どもから見れば、すべて外集団につながる特定の「もの」である。

地域養護活動のエピソードにおいて、子どもの認識が多面性を帯びたものとして拡がる際に関与している「こと」は、次のとおりである。「洗濯物を受け取ること」、「自転車に乗ること」、「ミニかまくらを修復すること」、「蝶々や花を発見すること」、「ひじつき椅子に座ること」、「手に触れること」、「稲荷神社に行こうと誘われること」、「焼けた肉を食べること」、「長財布を預けること」、「前の方に行くこと」であり、子どもから見れば、すべて、外集団につながる特定の「こと」である。なぜなら、これらの特定の「こと」という現象は、エピソードに登場する特定の「ひと」と特定の「もの」との出会いによって生じているからである。

具体的には、「洗濯物を受け取ること」はコダマとはくたかのおじさんと洗濯物との出会いによって、「自転車に乗ること」はノゾミとこまちさんやツルギと自転車との出会いによって、「ミニかまくらを修復すること」はミズホとなすのさんとミニかまくらとの出会いによって、「ひじつき椅子に座ること」はツバメとあさまさんとひじつき椅子との出会いによって、「蝶々や花を発見すること」はサクラとときさんと蝶々や花との出会いによって、「手に触れること」はツバサと私とホタルとの出会いによって、「稲荷神社に行こうと誘われること」はヒカリと私たちと稲荷神社との出会いによって、「焼けた肉を食べること」はヒカリと私と焼けた肉との出会いによって、「長財布を預けること」はハヤテと私と長財布との出会いによって、「前の方に行くこと」はハヤテと私と私の手との出会いによって生じたと言える。

このように見てくると、地域養護活動をとおして児童養護施設の子どもが、自分をめぐる「ひと・もの・こと」に関して多面性を帯びたものとして認識

する際、すべてにわたって、内集団ではなく外集団としての特定の「ひと・もの・こと」が関与していることがわかる。

(2) 外集団の関与により認識が一般化する

　外集団の関与によって、旧沢内村の地域養護活動に参加した子どもの認識が受ける影響について考えるにあたり、集団に関する経験的事実を振り返っておきたい。それは、内集団を構成するものに対してはお互いが異なっていると認知するが、外集団を構成するものに対してはお互いが類似していると知覚する傾向をもつということである。たとえば、自分が属するクラスの友だち（内集団）から親切にされた場面を想像してみよう。親切にしてくれた友だちに感謝したからといって、クラスの友だち全員が、その友だちのように親切であると考えることはないであろう。なぜなら、クラスの友だちの顔を1人ひとり思い浮かべると、仲の良くない友だちや意地悪をしてくる友だちの顔が思い出されるかもしれないからである。

　一方、知らない土地を旅していて窮地に陥った時、見ず知らずの人（外集団）から親切にされた場面を想像してみよう。知らない土地に住んでいる1人ひとりの人柄はわかりようもないため、その地域の人たちが類似しているように見え、「あの地域の人たちは親切である」というように思えることがある。それが高じると、「人って捨てたものじゃない」というような、人一般に対する信頼感につながる可能性もある。もちろんその逆に、知らない土地を旅していて窮地に陥った時、冷たい対応をされると、その地域の人たち全員に対する印象が悪くなってしまう可能性もあり得る。

　では、旧沢内村の地域養護活動に参加した子どもの認識は、このような外集団に関する知覚の働きによりどのような影響を受けるのであろうか。すでに述べたように、地域養護活動に参加した子どもが、自分をめぐる特定の「ひと・もの・こと」に関して多面性を帯びたものとして認識する、すなわち、認識が拡がる経験をする際には、外集団が関与していた。それゆえ、外集団に属している特定の「ひと・もの・こと」が多面性を帯びているという認識は、外集団に属している「ひと・もの・こと」もすべて多面性を帯びているという認識に拡がる可能性がある。なぜなら、外集団を構成するものに

ついては、お互いに類似して
いると知覚されやすいか
らである。このことを、旧
沢内村で実施された地域養
護活動に参加した子どもの
認識に当てはめると次のよ
うになるであろう。

旧沢内村でおこなわれて
いる地域養護活動にかかわ
る特定の「ひと・もの・こ
と」が、多面性を帯びたも

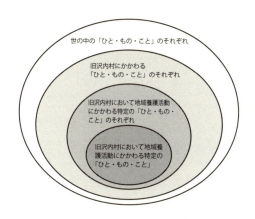

図4-2 子どもの認識が一般化するイメージ

のであるという認識は、その特定の「ひと・もの・こと」だけが多面性を帯
びているのではなく、旧沢内村でおこなわれている地域養護活動にかかわ
る「ひと・もの・こと」のそれぞれが、そして、地域養護活動への関わりの
有無を問わず、旧沢内村にかかわる「ひと・もの・こと」のそれぞれが、さ
らには、旧沢内村にかかわるかどうかを問わず、世の中の「ひと・もの・こ
と」のそれぞれが多面性を帯びたものであるという認識へと拡がり、一般化
されるかもしれない。このように、世の中には多面性を帯びた「ひと・も
の・こと」がそれぞれに存在していると認識することができれば、世の中に
ある「ひと・もの・こと」の多面性と多様性を認識することになる。つまり
子どもは、地域養護活動への参加をとおして、多面性をもっている「ひと・
もの・こと」が多様に存在しているというように、自分が生きる世界を等身
大にとらえられるようになるということである。

地域養護活動に参加した子どもの認識が一般化されるイメージについては、
図4-2を参照されたい。

(3) 児童養護施設退所後の生活困難と自立支援の取りくみ

旧沢内村で地域養護活動を経験した児童養護施設の子どもが、自分が生き
る世界を等身大に認識するということは、児童養護施設退所後の子どもの自
立にどのような影響を与えるのであろうか。

このことについて考える前に、児童養護施設等を退所した社会的養護経験者がおかれている現状と、かれらの自立に向けて現在、取りくまれている支援について見ていくことにする。なお、この本では自立ということを、最近の自立に関する議論をふまえ[1]、「困った時に助けを求められること」であるとらえている。

　養護的ケアを離れた後のかれらについて、正規雇用の割合は相対的に低く生活保護受給割合は相対的に高い、最終学歴が中学卒の割合は相対的に高く大学等への進学率は相対的に低い、早期離職率が高いというような自立の難しさが指摘されている[2]（東京都福祉保健局 2011）。施設等を退所し、経済的にも社会的にもこれまでと同じようなサポートが望めなくなった状態で、社会人として一歩を踏み出すことになる社会的養護経験者の自立の厳しさは想像に難くない。加えて、「生活状況や、家族関係・社会関係では、様々な困難・課題等を生じ、相談先や拠り所がない中で、より深刻さを増したり、危機に陥ったりする」（伊部 2015：13）こともあるという。

　社会的養護経験者の離職のプロセスにも、かれらの困難が特徴的に表れている。4年制大学卒業後，上場企業に就職し、円滑に社会に巣立ったように思えたが、ある日突然，無断欠勤となりそのまま退職＝退寮を繰り返す（立川 2000）。初出勤日早々から遅刻し、その後も欠勤や遅刻が続き、ついに無断欠勤が始まる（大村 2006）。これらに共通しているのは、「失敗した時、困った時に上司に相談できずに無断欠勤をしてしまうなどの不適応な対応」（相澤 2008：48）の結果、離職に至ってしまう、つまり、困った時に助けを求めることができなかったために自立に支障をきたしてしまった姿である。

　施設退所後のかれらの困難に関する調査結果は、このような状況を裏付けていると言える。たとえば、施設退所直後に「まず困ったこと」は孤独感や孤立感であると多くの人が回答している（東京都福祉保健局 2011）。また、「最も困っていること」として人間関係がトップにあげられている（全国社会福祉協議会 2009）。

　では、児童養護施設退所後に子どもが直面する生活困難を視野に入れた自立支援として、施設で生活している間にどのような取りくみがおこなわれているのであろうか。大きく2つに分けることができる。1つは，児童養護施

設退所後に直面する生活困難を乗り越えるため、光熱費の支払い等の社会生活における諸手続きの仕方や、預金・金融ローン等の金銭コントロールの仕方というようなソーシャルスキルの習得である（小木曽 2011；天羽 2002）。もう1つは、「児童養護職員と児童の間に、退園後も継続する太い人間関係のパイプが作られていること」（庄司・谷口・髙橋ほか 1997：14）、言い換えれば、施設職員と子どもとの間に、困った時に他者に助けを求めることができるような信頼関係が構築されていること（伊部 2013；天羽 2002 等）である。

　自立に向けた後者の取りくみから見えてくるのは、子どもの将来を案じている施設職員が、子どもに寄り添いながら、少しずつ信頼関係を構築している姿である。そこには、退所後に子どもが生活困難に直面しても、特定の職員と子どもとの間に築かれた、密接で強固な信頼関係を梃にして、出身施設の職員を含めた周りの人に助けを求めながら乗り切ろうという戦略があると言える。

　さらに、社会的養護経験者の自立には、特定の職員との間に構築される信頼関係だけは不十分であるという議論もある。たとえば、「子育ての場をオープンにしなければ児童の自立に支障が出る」ため、施設がパブリックゾーンをもつことが必要である（龍尾 2012：71）、あるいは、「複数のアタッチメント（愛着）対象との関係の安定が，子どもの発達に肯定的影響を与える」ため，里親委託の子どもが複数のおとなとの信頼関係を構築できるように、委託当初から「ある程度一貫した複数の養育の担い手」を確保することが必要である（林 2015：96-97）、というような指摘である。

　しかし，いずれにおいても，関係を築く対象が，外集団に属する人を視野に入れるというよりも、内集団に属する人の拡大を図るという方向で議論されていることがわかる。

（4）自立困難軽減の可能性が高まる

　先に述べたように社会的養護経験者が直面する人間関係の困難さは、主に孤立感であり、それは外集団との関係において生じていた。このような「孤立感を増幅させる」ものは、「『自分のことをわかってくれる人はいない』『人は信用できない』といった思い」であり、それらは「自らの人生の異質

性への意識」によるものであるという（全国社会福祉協議会 2009：162）。このようなことから、社会的養護経験者が外集団をどのようなものとして認識するのかということは、自立支援において重要な要素になると考えられる。

　社会的養護経験者にとって、外集団は、どのようなものとしてとらえられているのであろうか。3 歳から 18 歳まで児童養護施設で暮らし、現在、当事者の立場から自立支援をおこなっている塩尻真由美は、次のように述べている。

> 他と違う育ち方をしたという自分自身のコンプレックスが邪魔をして、「自分は普通ではない」と思い込んでしまい、友人や上司、同僚とうまく話せないようです。傍目には、個人の問題と見られがちですが、社会で出会う大半の人が親から養育をされた人たちです。私たち当事者にとって社会に出ることは、異文化の地域に飛び込むのと同じなのです。（塩尻 2013：39）

　児童養護施設退所後の外集団との出会いは「異文化の地域に飛び込むのと同じ」であるという。では、児童養護施設の子どもは、施設で生活している時に、「異文化」を体現している外集団とどのように出会っているのであろうか。地域養護活動を体験したみどり学園の退園生は、施設におけるかつての生活を次のように語っている。

> 中学生の時も外出許可とれるけど、親と会う時とか以外は結構なんか団体行動が多くて、だからたとえば生協行くんだって、生協行きたい人、手、あげて、って。行きたい、行きたいって。ぞろぞろぞろぞろ。こっぱずかしいくらい。なんか何人家族ですかっていうぐらい（で）行くんですよ（インタビュー：2014 年 11 月 16 日）。

　この語りからは、児童養護施設で生活している子どもが外集団に出会う際には、施設職員や同じ施設の子どもが複数、同行しており、個人として外集団と出会う機会が少ないことが見てとれる。児童養護施設退所後の自立を阻む孤立感は、多くの場合、個人として外集団と出会った際に生じているにも

かかわらず、施設で生活している時に子どもが個人として外集団と出会う経験が少ないということなのである。では、個人として外集団に属する人と接する機会が少ないため、多面性をもっている「ひと・もの・こと」が多様に存在しているというように、世の中を等身大にとらえることが難しいまま施設を退所した場合、どのような事態が引き起こされるのであろうか。

　仮に、退所後に出会う外集団の「ひと・もの・こと」が、自分にとって快と感じる「ひと・もの・こと」であると認識すると、外集団を構成するものに対してはお互いが類似していると知覚する傾向があるため、社会的養護経験者は、たいていの「ひと・もの・こと」が、自分にとって快と感じる「ひと・もの・こと」であると認識する可能性がある。このようにして外集団の「ひと・もの・こと」に対して信頼感を抱くようになった場合、実際のところは、外集団の「ひと・もの・こと」が、すべて快と感じられるようなものではないため、場合によっては、外集団の「ひと・もの・こと」を安易に信じてしまい、騙されるというような事態に陥るかもしれない。

　また仮に、退所後に出会う外集団の「ひと・もの・こと」が、自分にとって不快と感じる「ひと・もの・こと」であると認識すると、外集団を構成するものに対してはお互いが類似していると知覚する傾向があるため、社会的養護経験者は、たいていの「ひと・もの・こと」が、自分にとって不快と感じる「ひと・もの・こと」であると認識する可能性がある。このようにして外集団の「ひと・もの・こと」に対して用心深くなった場合、実際のところは、外集団の「ひと・もの・こと」が、すべて不快と感じられるようなものではないにもかかわらず、場合によっては、外集団の「ひと・もの・こと」に対して極度に不信感を抱き、孤立感にさいなまれる事態に陥るかもしれない。

　一方、地域養護活動をとおして、児童養護施設で生活している時に個人として外集団の「ひと・もの・こと」に出会う機会があれば、外集団の「ひと・もの・こと」に対して認識が拡がる経験、すなわち、多面性をもっている「ひと・もの・こと」が多様に存在しているというように、自分が生きる世界を等身大にとらえるようになる可能性がある。そうした場合、児童養護施設退所後に出会う外集団の「ひと・もの・こと」を快と感じるか不快と感

じるかにかかわらず、出会った際の印象だけにとらわれずに別の側面も視野に入れた、ありのままの「ひと・もの・こと」に出会う可能性が高まると言える。

　このように見てくると、児童養護施設で生活している時に旧沢内村での地域養護活動に参加し、外集団に対して認識が拡がる経験をした子どもは、施設退所後、特定の外集団との関係構築に躓いたとしても、そのことによって、自らが生きる世界に対して、必ずしも、決定的なダメージを被るというわけではないと考えられるのである。

　加えて、外集団という概念には、内集団から見たときに競争心・対立感・敵意等が差し向けられる対象であるという含意がある。したがって、地域養護活動参加当初の子どもにとって、「地域住民等」の子どもを養護する側は、競争心・対立感・敵意等が差し向けられる対象であった可能性も低くはない。しかし、だからこそ地域養護活動をとおして、子どもが自分をめぐる「ひと・もの・こと」に関して多面性を帯びたものとして認識を拡げた意味は大きいと言えるであろう。

自称・百姓の私とホームスティ

　西和賀から50キロ程離れた所で生まれ育った私が、この地に嫁いできた時には、いわゆる「よそ者」でした。地域の人たちには良くされましたが、昔は嫁が婚家の生活に合わせるのが普通だったので、決められた生活がとても苦痛でした。そこで私は近くの会社に勤めるようになり、その間に一男一女を出産しました。でも、生活が忙しく、子育て中の記憶があまりありません。このように結婚生活当初、もんもんとしていた私は、この地域では何か突拍子もない事でもしないと楽しくは暮らせないと思っていました。
　その頃、婦人会からホームスティの話があり、もしかしたら何となく家に居場所のない私に、違う何かを与えてくれるのではないかと思いました。ホームスティは子どもの為ではなく、「私の気持ちを変えてくれるのでは」という自分の為でした。
　初めてホームスティに来た男の子は今でも忘れられないです。時々どうしてるかなぁと思ったりします。なぜこんなニコニコとしたかわいい子を施設に入れる親がいるんだ、みたいな考えをもち涙が出ました。2回目からはあたりまえに接することができるようになりました。
　毎月1回のペースで受け入れているので、「よお、久しぶり」と、「勝手知ったる他人の我が家」状態の子も多いです。子どもたちの「あ～静かでいいな」、「家に帰ったみたい」などは、どこにでもある会話ですが、子どもにとっては意味深い言葉だと思います。「静かでいいな」と言った子は3年生から来て6年生に成長しました。1人になりたい時間もあるけれど、施設ではなかなか思い通りにならないのだろうと思って聞きました。わが家に来て少しでも静かな場所と感じてくれれば嬉しいです。小さな事ですが、子どもが来る日は、食器洗いスポンジや台ふきんなどを変える様にします。たかがそんな事ですが、他人がいないと生活に緊張感がなくなるので、ホームスティで少し新しい風が吹く気持ちです。
　夫はホームスティには賛成でも反対でもないですが、最終的にはホームスティに賛成してくれるやさしい人です。農家は自然に合わせ、いろんな仕事があるので、

仕事と自分の生活が優先です。ホームスティだからと生活を変えたり、やりたい仕事を変えたりすると、長続きしません。やはりいつもの自分たちの生活を中心にして受け入れないと、私たちも無理が重なります。私の家に子どもの姿が見えると、地域の人たちも「みどり学園」から来てる子だと、わかっています。子どもも大きくなり私の家には、おもちゃなどがないので、地域の人たちから、古いけれど自転車、服、本などいただき、有効に使わせてもらっています。

最近、テレビ番組「人生の楽園」を見ていて、農を中心とし、イキイキ生活している人を見てあこがれました。考えを変え、あこがれだけじゃなく、自分の「人生の楽園」を作りたいという想いから、体験型のピザ石窯を作りました。ホームスティに来た子も時々ピザを作って食べ、とても楽しいようです。（有馬　絹）

心の居場所

私が住む長瀬野集落は、1971年12月に村の集落再編事業により3つの集落が集まってできた。「和衷共同」（心を同じくして共に力を合わせる）の精神で暮らしてきた。かつてのリーダーたちは3年がかりで、3日にあげず集まって相談し集落の移転を決めた。豪雪の村であっても少しでも良い暮らしを求めた。当時にはまだめずらしい水洗トイレを要望した。国は「そんな田舎で」と言う。「それなら計画から降りる」と反論。結果、水洗トイレは実現し、地域住民はそれを享受した。

研究者をはじめとして多くの見学者が訪れ交流した。そんな中、旧沢内村の乳児死亡率ゼロでお世話になった小児科医の石川敬治郎先生が施設長をしている、慢性疾患や不登校の子どもたちの施設「みどり学園」が夏季転住として来ることになった。先生方含めて100人近い人数の子どもたちを、会館を宿泊所として1週間、迎え入れた。

子どもたちは数人ずつに班編成され、班ごとに農家や商店、病院や保育所で様々

な体験をする。体験に耐えられない子どもの班は、会館で弁当を作りメッセージを添えて体験先へ届けて回った。指導員の先生方の努力も大きかったが、体験場所については、保健婦が全部、予め了解を取り、石川敬治郎先生が全部に頭を下げてお願いして回った。最後の夜は沢内の人々への感謝の会が開かれるのが常であった。石川先生との交流は先生が亡くなられるまで約半世紀続き、その後を継がれている理事長をはじめ、学園の先生方とは今もお付き合いしている。施設では今は被虐待児がほとんどになり、受け入れの形も変わり町村合併もあったので、私たちはNPO法人を創設して受け入れを整えホームスティが中心になった。
　集落移転で古い家は解体されたが、「清吉稲荷」と名付けられた家が残った。大きな茅葺の家で100年以上も豪雪に耐え、どっしりとして子どもを迎え、親や先生方を迎えることもあった。木造の年輪深く穏やかなたたずまいで、ほろほろと炎がゆれる囲炉裏、炭火でこんがり焼ける魚や肉に頬がゆるみ、ゆったりと時が流れ、えぐね（防風用の屋敷林）の大杉が風にゆれる。ホタルや星の流れる夜の空気が肌をなで通り、人々はゆっくりと自分の心と向き合う。そしてその心を取り戻す。そこにいる人々の声は耳に届き、その心が自分に伝わるのを感じる。清吉稲荷はそんな家だったが、町有財産であり持ちこたえられず、台湾に移築されることになった。パーツごとに番号を付けられて解体され台湾に運ばれていった。解体の前、私たちは感謝の夕べで集い、思い出を語り合い別れを惜しんだ。
　我が家の古い家は、半分は解体され、半分は「映画館」になった。その母屋の前の茅葺の小屋は改造され、子どもたちの受け入れホームになっている。学園の先生はここに4～5人連れてやってきて1泊する。大集団で失った心を取り戻す。蛇を追い、魚を捕り、花を摘む。流れる雲や黒々と暮れる山脈が何かを語りかけるのか。
　人は人の心の温かさで成長し強くなる。命にとって過酷な歴史をもつ沢内だから、子どもたちの虐待を受けた過酷さは私たちの心に刺さる。なかなか改善されない昨今の子どもたちの心の環境を思い、少しでもその傷の深さを埋めたい。「大人がつけた傷は大人が回復させる責任がある」と教えてくれたのは、施設の今の理事長である。（高橋和子）

【注】
1 たとえば，横堀（2012：17）は，「誰かの力を借りる社会性，自分の思いを伝え，誰かとつながれるコミュニケーション，誰かとつながっていていいのだと思える安心感，自分を大切な存在と思える自尊感情，これらが自立の前提，土台として必要である」と述べている．また麻生・高橋（2013：93）は，「自立とは，個人の中で完結するものではなく，他者を頼りながら，共同で生きる社会の中に自分自身を位置づけること」に他ならないと述べている．
2 東京都福祉保健局（2011）の調査では，回答者全体の４割が１年未満で施設退所後に就いた仕事を辞めている．ここで用いた「相対的」という表現は，平成22年度労働力調査，平成21年度福祉・衛生統計年報，平成22年度学校基本調査報告における数値との比較をもとにしている．

【引用文献】
麻生　武・高橋菜穂子（2013）「人との関係に問題をもつ子どもたち」『発達』34，86-94.
相澤　仁（2008）「施設退所後の年長児童への新たな支援策」『社会福祉研究』103，47-53.
林　浩康（2015）「社会的養護施策の動向と自立支援」『教育と医学』63，92-99.
伊部恭子（2013）「施設退所後に家庭復帰をした当事者の生活と支援 ―― 社会的養護を受けた人々への生活史聞き取りを通して」『社会福祉学部論集』（佛教大学）9，1-26.
伊部恭子（2015）「社会的養護における支援課題としての権利擁護と社会関係の形成―― 社会的養護経験者の生活史聞き取りから」『福祉教育開発センター紀要』12，1-16.
小木曽宏（2011）「児童養護施設から『自立』すること，『支援』すること―― 子どもが「のぞむ」社会的養護をめざして」『日本司法福祉学会』11，144-158.
大村正樹（2006）「信頼してもいいんだ」『児童養護』37（1），31-34.
龍尾和幸「場の力」（2012）『世界の児童と母性』72，67-71.
塩尻真由美（2013）「アフターケア　より多くの人たちとつながっていくための当事者活動」『子どもと福祉』6，37-41.
庄司順一・谷口和加子・高橋重宏・ほか（1997）「児童養護施設におけるアフターケアに関する研究」『日本子ども家庭総合研究所紀要』34.7-22.
立川博保（2000）「事例研究　アフターケアを通じて見えてくるもの―― つかのまの適応と自立」『児童養護』31（1），43-46.
天羽浩一（2002）「児童養護施設における自立支援とリービングケア」『福祉社会学部論集』（鹿児島国際大学）21，21-34.
東京都福祉保健局（2011）『東京都における児童養護施設退所者へのアンケート調査報告書』．
横堀昌子（2012）「インケア児童の自立支援の現状と課題―― 各種支援の包括的な位置づけと流れ」『世界の児童と母性』72，11-19.
全国社会福祉協議会（2009）『子どもの育みの本質と実践』．

第 5 章 地域養護活動が可能になる地域社会の質
——地域住民の行動様式の観点から

凍てついた心と薪ストーブの温もり

　西和賀町は豪雪地帯、この地で暮らす者にとって冬は長く辛い時でもあります。1965（昭和40）年代までは茅葺屋根の家が多くありました。茅葺の家は屋根が大きく雪が滑り落ちることがないので、冬は必ず雪下ろしをしなければなりませんでした。大きい屋根に降り積もる雪を下ろすと、すっかり家のまわりは雪で埋まり、窓からの光は遮られ家の中は真っ暗になり、昼でも電気をつけなければならないこともよくあったものです。

　ストーブや囲炉裏はありましたが、家のつくりは気密性が悪く暖房効率もよくありません。ストーブや囲炉裏に面している部分は暖かいのですが背中のほうは寒いという状況でした。そしてそれはどこの家も同じで、雪国ではそれが当たり前のこととして受け入れるしかありませんでした。

　しかし、深澤晟雄氏が旧沢内村の村長になり当時は実現不可能と思われていた冬季間のバス路線の交通確保、老人や乳児の医療費の無料化、1962（昭和37）年全国初の乳児死亡ゼロの金字塔を樹立し、これまで雪国の宿命とあきらめなければならなかったことが実はそうではなかったということに気づいたのです。

　そして村は様々な課題解決に取り組んでいったのです。そのひとつに住宅改善がありました。家は南向きで光を取り込む窓を多くし、自然落雪するトタン屋根で今日の住宅の基礎を築いたのでした。その後一気に住宅改善が進んでいったのです。

　2004(平成16)年、町村合併し西和賀町となる前の年、私は家を新築することにしました。そこで「雪国だからこそ冬を快適に過ごせる家づくり」を目指し、居間には耐火ガラス窓の大きい薪ストーブを設置しました。薪ストーブは体の芯から温まります。

夜、居間の電気を消して薪ストーブを眺めることがあります。薪ストーブの中の炎は様々な形をつくりだし見るものを飽きさせません。炎を眺めているとなんともいえない幸福感で満たされます。癒されるというのでしょうか。炎をみる者の心のあり様で、無性にやさしい気持ちになったり、なぜだか涙が滲んで来たり、自分に素直になれるような気がします。薪ストーブは真冬の厳しい寒さに凍えた体を温めてくれるように、もしかしたら虐待など辛い環境の中で凍てついてしまった心をも芯から温め癒してくれるに違いありません。

　時には居間のカーテンを開けて薪ストーブのある空間から窓越しに荒れ狂う吹雪を眺めたりします。吹雪を楽しむというのでしょうか。昔は考えられない光景です。

　雪国だからこそ他の地域にはない冬を楽しむ術がある。夜、雪の壁に穴を開けてろうそくを灯すと幻想的な風景が浮かび上がります。西和賀町ではこの「雪あかり」を、町を挙げて取り組んでいます。

　この冬、居間の窓越しに見える雪の壁に穴を開けろうそくを灯し、薪ストーブに癒されながら雪あかりをも楽しむという至福のひとときを過ごしました。雪国の冬の楽しみ方は無限大。更なる楽しみ方を追求しながらここで暮らしていくのです。

（深澤千里）

「豆盗み」に心躍らせた頃

　私が生まれ育った西和賀町沢内地方には、「豆盗み」という古くからの風習がある。9月の中秋の名月の晩のお月さまに団子や枝豆、果物などをお供えし、秋の豊作を祈るという慣わしは、日本古来のものであり、ほぼ全国共通のことだと思っているが、沢内地方では、ここから珍しいことが繰り広げられるのである。その珍しいこととは、この晩、子どもに限って、このお供え物を盗んでも良いとされており、さらに盗まれた家は縁起が良く、豊作になると信じられていることである。その昔、お供え物の代表例は枝豆で、その枝豆を盗んだことから「豆盗み」と呼ばれるようになったと言われている。

「豆盗み」がいつ頃から行われていたのかは、詳しい文献資料などが存在しないため分かっていない。ただし、1938（昭和13）年生まれの私の父の話では、自分が物心ついた頃にはすでに「豆盗み」をしており、幼少期の楽しみの一つだったと話していることから、少なくとも終戦前後のあたりにはすでに行われていた風習のようである。
　私自身が「豆盗み」の楽しみを覚えたのは、小学校の高学年になった頃だったと記憶している。自転車での遠距離移動が可能になり、自分の家の近くのほか、他集落にも遠征して盗んでいた。私の場合は、仲の良い友達3人ぐらいで「窃盗団」を組み、他グループに先駆けて対象集落に乗り込み、次から次と縁側に出してあるお供え物を持ち去り、最後は山分けをして、家に持ち帰って家族でいただくというパターンだった。私の時代は、「豆盗み」といっても収穫物に枝豆はほとんどなく、トウモロコシや梨、ぶどうなどがメインだった。
　収穫物もさることながら、「豆盗み」の最高の醍醐味は、他人様の物を盗むというスリルと興奮だったと思っている。大人や地域が公認のうえのこととは言え、夜陰に紛れて、家人に気づかれないようにお供え物を持ち去ることができたときの高揚感は今でも忘れられない。なお、誤解のないよう申し添えておくが、だからと言って、私を含め「豆盗み」を経験した沢内の人間が、その後にスリや万引きの常習者になったなどということは断じてない。
　さて、この「豆盗み」が今どうなっているのかについて触れておきたい。結論から言うと「豆盗み」という言葉自体は今も残っているものの、住宅環境が昔と異なり、お供え物を置く縁側がなくなってしまったため、子どもたちは「盗む」ことを経験できず、玄関からチャイムを鳴らして「こんばんは。豆盗みに来ました」と言って、あらかじめ家人が準備していたお菓子をもらってまわるというスタイルに変わってしまっている。私から言わせると、これはもはや「豆盗み」という風習として成り立っておらず、少なからず残念に思っている。
　私がこの珍しい風習を通して思うことは、子どもの成長にとって、地域社会が果たす役割の大きさである。子どもの健全な育ち方は、地域社会の多様な文化や自然環境に大きく左右されるのではないか。昨今の児童虐待やいじめの問題は、地域社会のこうした環境の変化によるものではないかと憂慮しているひとりである。（髙橋光世）

不便だからこそ頼れる関係性を

　我が家には、上は15歳から下は3歳までの6人の子どもたちが居る。計8人家族。じいちゃんばあちゃん世代が早くも居ない。私の偏見かも知れないが、祖父母世代と孫世代とが深く関わることで、子育ちに大きな影響が生じると考えている。特にも同居することで、忍耐強さや寛容さなども自然と教わり身につけるチャンスを持っていると感じているのだ。
　しかし、我が家では先述したように、その体験が実質的にも精神的にもできない。…ということから、子どもたちがきょうだい同士で良いことも悪いことも経験し、喧嘩したり遊んだり同じ時間と空間を実感しながら育ちあうことができれば網羅できることではないかと考えているのである。だから子沢山！？……というわけではないが、子どもたちを眺めていると、時に衝突もするし、時に一緒に同じ目的に向かって取り組んだりと、多人数を活かした切磋琢磨する姿を垣間見るのである。
　細かいことでいうと、我が家には1つ、ユニークなルールがある。日々、小さいものから大きなものまで喧嘩の無い日は存在しない我が家であるが、感情の体験ができることも然ることながら、たとえばこんなエピソードがある。
　喧嘩をして泣いて母親に言いつけにくる五女
　「〇〇ちゃん（姉）がバカって言って叩いたぁ、ふぇ～ん！」
　すると、母親である私の妻は、
　「母さん、観てないから分かんなぁい、自分たちで何とかしなさい。」
と突き返すのだ。実際に一方だけの情報に左右されないのだから確かに公平である。すると、子どもならでは、いつの間にか仲直りして遊んでいたりする。それでもどうしても喧嘩が納まらない時がある。そんな時は、関係した全員が並ばされる。そしてどっちが良い悪いではなく、すべて話を聞いた上で全員が怒られる。怒った上で、全員がお互いに本気で謝るまで解散させないのだ。
　さらに、この大人数のきょうだい、上が下を見ることは勿論できるのだが、今時の小中学生は忙しい。土日といえば、クラブだのスポ少だの習い事だのがあり、ほぼ家に居ない。私たち両親も其々の子どもたちの対応や、仕事・社会的役割等

> 自宅にゆっくり居られることはまずない。そんな時、未就学の下の2人の子たちは土曜日こそ保育所にお願いできるけれど、この小さい町には日曜祝日に見てくれるサービスが公的にも民間にもない。もっと言えば、0歳児保育という仕組みもないわけで、親も姉たちも居ない状況下、親戚の若いおばちゃんに我が家に来ていただいて見て頂いてきた環境があり、今でも時に甘えている。若いおばちゃんだけではない。旦那様を近年に亡くされた高齢のおばちゃんも近所に住んでいるので、時折、こちらにはご自宅に出向いて、子守りをお願いしているという具合なのだ。
> 　子育ちの環境が公的に整備されてはいない不便さはあるけれど、不便だからこそ、元々ある関係性や存在をお互いが頼りにすることで、人が自ら育ちあっていく生きとし生けるものの本来の姿が引き出されていくのかも知れないと感じている。
>
> 　　　　　　　　　　　　　　　　　　　　　　　　　　（太田宣承）

1　地域養護活動が可能になる理由

（1）地域社会の質を知る必要性

　旧沢内村における地域養護活動は、児童養護施設退所後の子どもの自立困難を軽減する可能性を高めることがわかった。施設退所後に外集団との出会いで躓く傾向にある子どもが、地域養護活動をとおして、外集団には多面性をもっている「ひと・もの・こと」が多様に存在していると、自分が生きる世界を等身大に認識し、外集団との関係を柔軟にとらえることができるようになるからである。

　しかし同時に、地域養護活動で子どもが経験する多面性と多様性には、「集合写真」のエピソードに見られるような負の側面も含まれていた。地域養護活動に賛同して参加している人と子どもの間であっても、負の側面が現出するのであるから、旧沢内村の「村自体の子育て支援のフィールドをまるごと提供」（藤澤 2004：59）しておこなわれる地域養護活動において、負の側面が現出することは十分に考えられる。なぜなら子どもは、ホストファミ

リーと一緒に町のスーパーマーケットや温泉施設、スキー場等、その活動にボランタリーに参加してない地域住民と暮らしの場を共有するからである。加えて、児童養護施設の子どもの語りによれば、かれらは、実際に周りの人から次のような偏見に満ちた言葉を投げかけられている。

　「一番きつかったのは小学校四、五年生の頃。『汚いから近寄らないで』とか言わて……」(『子どもが語る施設の暮らし』編集委員会 1999：67)
　「『施設の子は一週間に一回しかお風呂に入っていない』とか、友だちが遊んでくれないので理由を聞いたら、『お母さんが「施設の子」とは遊んじゃダメって言うから』と言われたとかありました」(『子どもが語る施設の暮らし』編集委員会 1999：132)
　「何かあると『施設の子だから』とか言うのはやめてほしいと思います」(『子どもが語る施設の暮らし2』編集委員会 2003：34)

　ところが、旧沢内村における地域養護活動では、ボランタリーに参加していない地域住民と子どもの出会いにおいて、子どもにダメージを与えるメッセージが投げかけられたという事実は今のところ報告されていない[1]。第4章で見たように、地域養護活動は、外集団と出会うということにおいて意味のある活動である。そのため子どもが、ダメージが与えられるようなメッセージをホストファミリーから受けとらなかったということはもとより、この活動にボランタリーに参加していない地域住民からも、受けとらなかったということの意味は大きい。
　また、内集団と外集団が意味するところのものについては第4章の2で述べたが、ここでは、それらがリジッドな集団ではなく、当事者による主観の産物となっており、両者の間にある境界は常に変化していることを確認しておきたい。たとえば児童養護施設における生活を中心にして考えると、施設職員ではないホストファミリーは子どもにとって外集団となるが、ホームスティ期間中にスーパーマーケットに買い物に行けば、ホストファミリーは内集団として認識され、レジの人や買い物客が外集団として認識されることになる。ボランタリーに地域養護活動に参加している人と参加していない人の

間に境界が生じるからである。したがって、地域養護活動が効果を発揮するには、この活動にボランタリーに参加する人の存在と同じくらいに、この活動にボランタリーに参加していない人たちが児童養護施設の子どもにダメージを与えることのない外集団であることが求められる。すなわち、地域養護活動に参加する子どもにダメージを与えないような地域社会の存在が必要になると言える。

　旧沢内村では、なぜ地域養護活動が可能になるのかという問は、旧沢内村の地域社会の質を知りたいという思いへと変化していった。旧沢内村の地域社会の質が明らかになれば、地域養護活動をおこなうには、どのような地域社会とならなければならないのかに関して重要な示唆が得られるであろう。

(2) 地域社会の質を知るための資料

　広報「にしわが」[2] を手にとると、町民ではないのに気になる記事がたくさん見つかる。たとえば、2016（平成28）年3月号（No.124）には、旧沢内村と旧湯田町の合併から10年を迎えた（2015（平成27）年11月）西和賀町のまちづくりについて、全町民を対象にしたアンケート調査の結果が報告されている。合併に対する総合評価は、「評価している」、「ある程度評価している」をあわせると35.8％、「あまり評価しない」、「評価しない」をあわせると36.8％と拮抗している。私たちは西和賀町の住民ではないから、西和賀町が合併したことで自分の暮らしに直接的な影響が及ぼされるわけではない。それにもかかわらず合併後の町民評価が気になる。良くなったという回答で「子育て、高齢者福祉などの福祉サービス」があがっていることを知ればホッとするし、悪くなったとの回答が上回った項目に「産業振興や雇用対策」があがっていることを知れば、ますます過疎化が進むのではないかと心配される。それは、この6年の間に、西和賀町で暮らす人たちとの交流が生まれ、合併によって暮らしに実際的な影響を受ける人々の顔がいくつも思い浮かぶようになったからであろう。

　しかし、地域社会の質を明らかにするために用いたインタビュー資料のほとんどは、西和賀町で暮らす人々との間でこのような交流が生まれる前の調査開始当初のものである。調査者である私たちは、「はじめに」で触れたよ

うに、ドキュメンタリー映画「いのちの作法」を観て西和賀町で地域養護活動なるものがおこなわれていることを知り、数冊の書物を読んで旧沢内村の歴史的事実について若干の知識を得た程度で町に足を踏み入れた。そのため最初の頃は、地域養護活動を実際に体験していたわけでもないし、インタビュー調査をおこなうと言っても、どのようなテーマで話を聞きたいという目的がそれほど明確にあったわけでもなかった。私たちとしては、とにかく旧沢内村に興味があり、最初は、調査協力者と顔つなぎができればよいとの思いであった。そのため、インタビュー調査に応じてくださった方々にしてみれば、私たちから困難な状況におかれた人々の支援について考えているという研究目的が示されていたとはいえ、自分はいったいどのような話をすればよいのか、およそ雲をつかむような状況であったと思われる。

　しかし、このようなインタビュー調査であったからこそ、この時の資料を分析することに意味があるのではないかと思うようになった。テーマを絞って話を聞いていたわけではないのに、それぞれの状況は異なるが、何人もの人から「集まる」、「話し合う」というような場面がしばしば語られた。世代を超えて語られる行動の共通点が実に興味深く感じられた。

　また、私たちにとっては驚くようなことが、至極、当たり前のことのように語られ、そのことに驚きを示すと、言われてみればそうかもしれないが、それほど驚くべきことなのか、というような反応に出会うこともたびたびあった。たとえば、貧困の村と言えば非識字率の高さが想像されるのに、幼い頃の暮らしが決して裕福ではなかったという人から明治生まれの祖母に火鉢の灰に字を書いて教えてもらった思い出が語られたり、むらづくりに関して子どもにもおとなと同等の発言の場が用意されていたことが語られたり、村議会議員選挙の投票率が95％である[3]というような数字が語られた。そこで、このような地域住民の行動様式を抽出すれば地域社会の質が描き出せるのではないかと考えるようになった。具体的な調査方法、分析方法、倫理的配慮については次に記すとおりである。

【調査方法】
　20歳代〜80歳代の旧沢内村の在住者8名、および出身者1名に、2011年

8月、2012年8月、2015年2月にインタビュー調査を実施した。西和賀町において現在、取り組まれている活動や、これまでに取り組まれてきた活動、地域住民の普段の様子等に関する質問に対して答えてもらう形態と、西和賀町の「ひと・もの・こと」をめぐって自由に語ってもらう形態を組み合わせた半構造化インタビューを採用した。インタビューは1回につき1時間30分～2時間程度である。インタビューはICレコーダーを使って録音し、後に逐後録を作成した。調査協力者は、①旧沢内村に生まれ育ちそのまま現在も居住している者、②旧沢内村で生まれ育ちいったん村を離れたが現在は村に帰ってきて居住している者、③旧沢内村で生まれ育ち現在は村を離れている者、④生まれ育った地域は別のところであるが結婚により旧沢内村に居住するようになった者の4通りである。調査協力者、調査日、調査場所については表5-1を参照されたい。

【分析方法】

比較的小規模の質的データ分析に有効であると言われるSCAT法（大谷2007）を参考にし、コーディングをおこなった。ただし本研究においては、インタビュー資料の中から、地域住民があたり前であると思っている事柄で、

表5-1 地域の質に関するインタビューの概要

	調査協力者			調査日	調査場所
	性別	年齢（調査当時）	旧沢内村との関係		
A	男性	80歳代	②	2011年8月24日	調査協力者の自宅
B	女性	80歳代	④	2011年8月24日	調査協力者の自宅
C	男性	60歳代	①	2011年8月26日	調査協力者の職場
D	男性	60歳代	①	2011年8月25日	調査協力者の職場
E	男性	50歳代	②	2012年8月23日	調査協力者の自宅
F	女性	50歳代	④	2011年8月26日	調査協力者の職場
G	男性	40歳代	①	2011年8月27日	町内の公共施設
H	男性	30歳代	②	2011年8月26日	調査協力者の職場
I	女性	20歳代	③	2015年2月23日	調査協力者の職場

かつ、地域住民以外の人間にとっては、地域住民が「あたり前であると思っていること」に違和感のある事柄に注目して、旧沢内村の特徴を示すセグメントを切り出した。それが地域住民にとってどのように経験されているのかという観点から、それぞれのセグメントにコードを割り当て、それらのカテゴリー化をおこなった。なお、セグメントにコードを割り当てる際には、1つの事柄は多様に経験されるという立場をとっている。

【倫理的配慮】
関西福祉大学社会福祉学部研究倫理審査委員会で承認されており、「日本保育学会倫理綱領」、「日本社会福祉学会研究倫理指針」を遵守しておこなった。聞き取り調査に際しては、調査協力者に対して事前に研究調査の依頼文書を提示し、調査協力同意の意思確認をおこなった。調査当日に改めて、a.調査目的、b.調査方法、c.調査不同意のさいに不利益を受けない権利、d.データの管理法、e.協力者が中止・保留を申し出る権利、f.入手したデータの公表について文書を示して説明し、「研究協力同意文書」2通に署名を得、そのうちの1通を研究協力者に手渡し、他の1通は調査者が受け取り保管することとした。調査結果の公表にあたっては、個人情報保護の観点から固有名詞をすべてランダムにアルファベット表記とした。

2　地域住民が経験する行動様式

地域住民があたり前であると思っている事柄で、かつ、地域住民以外の人にとっては、地域住民が「あたり前であると思っていること」に違和感のある事柄に注目した結果、旧沢内村の特徴を示す20のセグメントが切り出された。次に、抽出した20のセグメントにコードを割り当てた結果、旧沢内村地域住民が有する行動様式は、かれらにとって次のように経験されていることがわかった。①暮らしの中で投票に行くことがあたり前である、②地区の結束力が強い、③厄介なことも含めて近所づきあいが大事である、④文字は暮らしを便利にするものである、⑤外集団であるというだけで迷惑を被ると判断しない、⑥説明を聞いてから判断する、⑦遊び心が大事にされている、

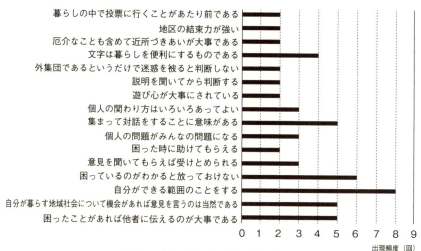

図 5-1　地域住民による行動様式の経験

⑧個人の関わり方はいろいろあってよい、⑨集まって対話をすることに意味がある、⑩個人の問題がみんなの問題になる、⑪困った時に助けてもらえる、⑫意見を聞いてもらえば受けとめられる、⑬困っているのがわかると放っておけない、⑭自分ができる範囲のことをする、⑮自分が暮らす地域社会について機会があれば意見を言うのは当然である、⑯困ったことがあれば他者に伝えるのが大事である。

　地域住民による行動様式の経験として最も多く出現したのは「自分ができる範囲のことをする」であり、次に多かったのが「困っているのがわかると放っておけない」であった。3番目に多かったのが、「集まって対話をすることに意味がある」、「自分が暮らす地域社ついて機会があれば意見を言うのは当然である」、「困ったことがあれば他者に伝えるのが大事である」であった。それぞれの出現頻度については図5-1を参照されたい。

3　地域住民の行動様式からとらえた地域社会の質

　地域住民によって経験されている16のコードをカテゴリー化した結果、

旧沢内村地域住民の行動様式としての地域社会の質は、(1) 自ら発信することが大事である、(2) 他人事にしない・されない、(3) みんなで考える、(4) 無理をしすぎないでおこなう、(5) 憶測で物事を決めない、(6) 役に立つものは活用する、の6つとなった。以下ではそれぞれについて述べる。引用した語りにおける（　）は、筆者による補足である。

(1) 自ら発信することが大事である

「困ったことがあれば他者に伝えるのが大事である」と「自分が暮らす地域社会について機会があれば意見を言うのは当然である」という行動様式の経験は、「自ら発信することが大事である」とカテゴリー化された。

「困ったことがあれば他者に伝えるのが大事である」という行動様式の経験は、たとえばHさん（30歳代男性）の次のような語りに表れている。

> 発信するとやってくれる。仲間内から始まる。どこそこの彼女が仕事に復帰したい、でも困ってる。0歳児からの保育所つくりたいね。どこそこのお母さんが保育士（資格）もってて、そういう仕事したいんだけど、いま仕事がないから家にいるんだよね。

Hさんは、仲間の集りで、仕事復帰を希望している人が子どもを預けられなくて困っているという話が出ると、子どもを預かる仕事をしたいと思っている保育士資格保有者がいるという情報がもたらされたり、0歳児から預かってくれる保育所をつくりたいという話に発展していったりすると語っている。困っている人が困りごとを心の内に秘めておくのではなく他者に伝えれば、その解決に向けて知恵を出し合う地域住民の様子が見てとれる。困りごとを他者に向けて伝えることが大事であると感受されたのであるから、Hさんには「困ったことがあれば他者に伝えるのが大事である」という行動様式が経験されたことになる。

「自分が暮らす地域社会について機会があれば意見を言うのは当然である」という行動様式の経験は、たとえばEさん（50歳代男性）の次のような語りに表れている。

> （保育所の）保育料どうしようか、とかいうようなのは俺たちの世代（がした運動である）。（略）幼児教育が大事ということで、3人子どもがいたら2人目は半額、3番目はタダにするとか、請願した。署名活動とかは保護者がした。子どもを保育所に通わせていない家でも、こういうところはお願いすればみんな書いてくれる。

　Eさんは、保育所の保護者時代に第2子以降の保育料減免に関して保護者による署名活動をおこなったり、その署名活動には子どもを保育所に通わせていない家でも協力的であったりしたと語っている。地域の子育て状況改善のために、機会が与えられれば協力しようとする地域住民の様子が見てとれる。自分が暮らす地域社会に関して、機会があれば躊躇することなく意見表明がおこなわれると感受されたのであるから、Eさんには「自分が暮らす地域社会について機会があれば意見を言うのは当然である」という行動様式が経験されたことになる。
　このように地域住民は、困りごとを他者に向けて伝えることが大事であると感受された経験や、自分が暮らす地域社会に関して、機会があれば躊躇することなく意見表明がおこなわれると感受された経験を有していることから、旧沢内村の地域社会の質として「自ら発信することが大事である」という行動様式をあげることができる。

(2) 他人事にしない・されない

　「自分ができる範囲のことをする」、「困っているのがわかると放っておけない」、「困った時に助けてもらえる」、「意見を聞いてもらえば受けとめられる」という行動様式の経験は、「他人事にしない・されない」とカテゴリー化された。
　「自分ができる範囲のことをする」という行動様式の経験は、たとえばCさん（60歳代男性）の次のような語りに表れている。

> 卓球大会、婦人バレーボール大会、老人スポーツ大会等、様々なスポーツ大会をやって、(地区ごとの)年間総合得点制にした(略)。最後に村民運動会で表彰するという形をとった。(略)地区の名誉ということになると、おばあちゃんたちが、孫の子守をする。地区をあげて応援する(略)。(婦人バレーボール)大会の前の晩は「早く寝ろ」とお嫁さんに言うおばちゃんもいたりして。

　Cさんは、地区対抗の様々なスポーツ大会の総合結果が最後の村民運動会で表彰されることになると地区対抗意識が高まり、婦人バレーボール大会の前夜には、「早く寝ろ」と明日の試合に備えて嫁の体調を気遣う姑も現れたと語っている。自分はバレーボール選手として活躍できなくても、地区スポーツ大会の成績に貢献するために、選手である嫁の体調管理という自分にできることをおこなう地域住民の様子が見てとれる。地区スポーツ大会の成績が、住民各々の自分ができることの集積によって獲得されると感受されたのであるから、Cさんには「自分ができる範囲のことをする」という行動様式が経験されたことになる。
　「困っているのがわかると放っておけない」という行動様式の経験は、たとえばFさん(50歳代女性)の次のような語りに表れている。

> 「(子どもを)預かってくれない?」って言う人がいました。学校の先生で保育所に入られなくて。「じゃあ私が、ばあちゃん先生やります」って方がいらっしゃって。

　Fさんは、保育所を利用できなかった人が、子どもを預かってくれる人はいないだろうかと声をあげると、「じゃあ私が、ばあちゃん先生やります」と子どもを預かる人が現れたと語っている。人が難儀しているのがわかると逡巡することなく、「じゃあ私が」と困りごとに対応する地域住民の様子が見てとれる。即座に他者の困りごとに応答する人の出現によって困りごとが解決されると感受されたのであるから、Fさんには「困っているのがわかる

と放っておけない」という行動様式が経験されたことになる。
　「困った時に助けてもらえる」という行動様式の経験は、たとえばGさん（40歳代男性）の次のような語りに表れている。

> 　りんどうを植えよう（と）1か月ぐらいの間に決めた。3人ぐらいで決めた。まわりの人はまた無茶なことするな、と思ってたと思う。広い面積で（自分の）会社から人を出す（必要があるぐらいだった）。じゃあ朝やろうとなる。それをやると70、80ぐらいのお母さんたちが来てくれる。そのへんが有難いなぁ。

　Gさんは、自分の会社から人を出さなければならないぐらいに広い面積に3人ぐらいでりんどうを植えようと決めた時、当初、まわりの人は無茶をすると思っていたに違いないが、いざ実際に植え始めると、70歳代、80歳代の女性複数人が手伝いに来てくれたと語っている。少しぐらい無謀なことであったとしても、まじめにやり始めたことには手を貸すという地域住民の様子が見てとれる。自分たちだけではどうにもならなかったことが他者から手を貸してもらうことによって完遂できると感受されたのであるから、Gさんには「困った時に助けてもらえる」という行動様式が経験されたことになる。
　「意見を聞いてもらえば受けとめられる」という行動様式の経験は、たとえばGさん（40歳代男性）の次のような語りに表れている。

> 　ここの地域の人たちはまじめ。こちらがふるとすごい真剣になって物事を考えてくれる。それほど真剣でなくても、すごい真剣になって考えてくれる。そういう根差したところがそうなんでしょう。

　Gさんは、たとえそれほど真剣に考えていることではなかったとしても、自分の方から語りかけると、それを聞いた相手がとても真剣になって考えてくれる、そしてこのようなふるまいはこの地域に根差したものであると語っている。他者から語りかけられると真剣に耳を傾けてそのことについて考えようとする地域住民の様子が見てとれる。自分の考えていることを伝えれば

真剣になって一緒に考えてもらえると感受されたのであるから、Gさんには「意見を聞いてもらえば受けとめられる」という行動様式が経験されたことになる。
　このように地域住民は、地区のスポーツ大会の成績が住民各々の自分ができることの集積によって獲得されると感受された経験や、即座に他者の困りごとに応答する人の出現によって困りごとが解決されると感受された経験、自分たちだけではどうにもならなかったことが他者から手を貸してもらうことによって完遂できると感受された経験、自分の考えていることを伝えれば真剣になって一緒に考えてもらえると感受された経験を有していることから、旧沢内村の地域社会の質として「他人事にしない・されない」という行動様式をあげることができる。

(3) みんなで考える
　「集まって対話をすることに意味がある」と「個人の問題がみんなの問題になる」という行動様式の経験は、「みんなで考える」とカテゴリー化された。
　「集まって対話をすることに意味がある」という行動様式の経験は、たとえばHさん（30歳代男性）の次のような語りに表れている。

> 基本的に何もない、他の市町村に比べると何もない、便利さがない、信号機、コンビニもない。すごく不便だけど、何かひとつのことをやろうとすると、みんなが集まってきてくれるんだよね。人の感覚がよい。（略）集まりは様々。機会は多い。集まる機会は多い。「どうする？」。まず集まる。顔を合わせる。

　Hさんは、ここは他の市町村に比べると何もなくて不便であるが、何かひとつのことをやろうとすると、みんながまず集まってきて顔を合わせて頻繁に話をすると語っている。何かあればみんながまず集まり対話を重ねながら物事を進めるという地域住民の様子が見てとれる。みんなで何度も何度も集まり、知恵を出し合えば「何かひとつのこと」を成し遂げられると感受されたのであるから、Hさんには「集まって対話をすることに意味がある」とい

う行動様式が経験されたことになる。

　「個人の問題がみんなの問題になる」という行動様式の経験は、たとえばDさん（60歳代男性）の次のような語りに表れている。

> 　2人、3人と（高齢者、障害者、母子寡婦家庭の問題に関して）目覚めた人が集まって学習会等をやって組織づくりをやっていった。

　Dさんは、高齢者問題や障害者問題等に目覚めて集まった2人、3人による学習会等を続けることを通して組織づくりに取りくんだと語っている。特定の問題に関心をもつ人が集まって学習会等をおこなうと、問題が共有化されていく地域住民の様子が見てとれる。個別の問題に関する小さな学習会等から組織づくりができると感受されたのであるから、Dさんには「個人の問題がみんなの問題になる」という行動様式が経験されたことになる。

　このように地域住民は、みんなで何度も何度も集まり知恵を出し合えば「何かひとつのこと」が成し遂げられると感受された経験や、個別の問題に関する小さな学習会等から組織づくりができると感受された経験を有していることから、旧沢内村の地域社会の質として「みんなで考える」という行動様式をあげることできる。

(4) 無理をしすぎないでおこなう

　「個人の関わり方はいろいろあってよい」と「遊び心が大事にされている」という行動様式の経験は、「無理をしすぎないでおこなう」とカテゴリー化された。

　「個人の関わり方はいろいろあってよい」という行動様式の経験は、たとえばEさん（50歳代男性）の次のような語りに表れている。

> 　（親子登山を計画しても）中には来ない人も何人かいるかもしれないけど、やり方、しくみをうまくやれば（来れる）。登るのが苦手な人は登ったときの焼肉を準備してくれるとか。かかわるっていうか。

　Eさんは、山登りの苦手な人であっても親子登山という行事に参加しやす

くなるように、山に登った後の焼肉の準備をするという役割が設けられていると語っている。親子登山では、子どもと一緒に山登りをしたり、焼肉の準備をしたりする等、様々な参加の仕方を選んでいる地域住民の様子が見てとれる。親子で登山をするだけでなく、登頂後の焼肉を準備することも山登り行事への参加であると感受されたのであるから、Eさんには「個人の関わり方はいろいろあってよい」という行動様式が経験されたことになる。

「遊び心が大事にされている」という行動様式の経験は、たとえばHさん（30歳代男性）の次のような語りに表れている。

> ここの人たちっておもしろいからやってみようってすぐ来るんだよね。なんていうのか、やっぱり人のぬくもりと肌感覚でわかる行動力。いいよ、俺が足りない分、ここやってやるから、出店やってやるから。人をまとめる。自然発生的にできる。

Hさんは、何かあると地域の人たちが、おもしろいからともかくやってみよう、足りないところは自分が担うから、というような動きを「自然発生的に」できると語っている。一見したところでは軽い「ノリ」で取りくみが始まり、同じ調子で仕事の分担が決められていく地域住民の様子が見てとれる。役割分担は、おもしろさに対する自分の直感を信じ、流れに身を任せるようにして決められていくと感受されたのであるから、Hさんには「遊び心が大事にされている」という行動様式が経験されたことになる。

このように地域住民は、親子で登山をするだけでなく、登頂後の焼肉を準備することでも山登り行事への参加であると感受された経験や、役割分担は、おもしろさに対する自分の直感を信じ、流れに身を任せるようにして決められていくと感受された経験を有していることから、旧沢内村の地域社会の質として「無理をしすぎないでおこなう」という行動様式をあげることができる。

(5) 憶測で物事を決めない

「説明を聞いてから判断する」と「外集団であるというだけで迷惑を被ると判断しない」という行動様式の経験は、「憶測で物事を決めない」とカテ

ゴリー化された。

「説明を聞いてから判断する」という行動様式の経験は、たとえばＩさん（20歳代女性）の次のような語りに表れている。

> 〈Ｉさんの地元で児童養護施設が建設されることになったら、どうなると思うか〉
> どうですかね、やっぱり、えっ、なんで、になる。田舎なので、そういう新しいものへ抵抗する。
> 〈建設の必要性について説明するとどうなると思うか〉
> 説明があれば納得はしてくれると思います。

Ｉさんは、地元で児童養護施設建設の話が出たら、住民は新しいものへの抵抗感から反対すると思われるが、その必要性ついて説明されれば住民の納得は得られるだろうと即座に語っている。慣れないものに対する抵抗感はあっても、それについて理解し納得できれば抵抗感が小さくなると確信できる地域住民の様子が見てとれる。地域の人たちは、納得できる説明に裏付けられて判断していると感受されたのであるから、Ｉさんには「説明を聞いてから判断する」という行動様式が経験されたことになる。

「外集団であるというだけで迷惑を被ると判断しない」という行動様式の経験は、たとえばＥさん（50歳代男性）の次のような語りに表れている。

> 　外からやって来る人にとっては、他の田舎と比べると（この地域は）寛容な所かなと思う。永住する人にも、期間限定の人にも、どっちの人にも寛容だと思う。

Ｅさんは、他の田舎に比べてこの地域の人たちは、来訪者に対して、それが永住する人であるか滞在期間の限られた人であるかを問わず寛容であると語っている。滞在期間の長さによってその応対に差をつけることなく、外集団の人におしなべて寛容である地域住民の様子が見てとれる。自分が所属していないとみなす外集団からの来訪者への対応が、外集団であることを理由にして狭量になることはないと感受されたのであるから、Ｅさんには「外集

団であるというだけで迷惑を被ると判断しない」という行動様式が経験されたことになる。

このように地域住民は、地域の人たちが、納得できる説明に裏づけられて判断していると感受された経験や、自分が所属していないとみなす外集団からの来訪者への対応が、外集団であることを理由にして狭量になることはないと感受された経験を有していることから、旧沢内村の地域社会の質として「憶測で物事を決めない」という行動様式をあげることできる。

(6) 役に立つものは活用する

「文字は暮らしを便利にするものである」、「厄介なことも含めて近所づきあいが大事である」、「地区の結束力が強い」、「暮らしの中で投票に行くことがあたりまえである」という行動様式の経験は、「役に立つものは活用する」とカテゴリー化された。

「文字は暮らしを便利にするものである」という行動様式の経験は、たとえばFさん（50歳代女性）の次のような語りに表れている。

> 地震があったときに、寒い時期だから被災地にこたつを集めて送るということになって、それで有線放送で呼びかけたんだけど、その時には全然集まらなくて、広報で呼びかけたら、一気に集まったというようなことがありました。

Fさんは、こたつを集めて被災地に送ることが決まったとき、有線放送による呼びかけではこたつが全く集まらなかったが、広報誌による呼びかけでは一気に集まったと語っている。情報が周知徹底される際、文字が有効なコミュニケーションツールとなっている地域住民の様子が見てとれる。文字による情報伝達が、確実性や利便性をもたらすと感受されたのであるから、Fさんには「文字は暮らしを便利にするものである」という行動様式が経験されたことになる。

「厄介なことも含めて近所づきあいが大事である」という行動様式の経験は、たとえばEさん（50歳代男性）の次のような語りに表れている。

> （この地域の人は）裏表がすごくある。心で思っていることと違うことを平気で言う。内面と外面が違う。（略）でも、俺も少しずつおとなになってきた。そういう人がいるからいいんだ、こういうところで生きていく術なんだと。（略）他の地域では、そうやって人とつきあわない。ここに帰ってくると、つきあうからわかってくる。

　いったん村を出てから帰村したＥさんは、内面と外面が異なる地域の人に嫌気がさしていたが、他人の欠点が気になるのは、そもそも、その人とのつきあいがあるからであり、この地では、欠点が気になるぐらいまで濃密な人づきあいをすることが「生きていく術」であると理解できるようになったと語っている。裏表のある人間関係も含めてこの地で生きていくには濃密な人間関係が必要となる地域住民の様子が見てとれる。地域の人間関係が希薄な村の外での生活を経験したことにより、濃密な人間関係はわずらわしいことをもたらすが、この地域で生きていくためには必要なものであると感受されたのであるから、Ｅさんには、「厄介なことも含めて近所づきあいが大事である」という行動様式が経験されたことになる。
　「地区の結束力が強い」という行動様式の経験は、たとえばＥさん（50歳代男性）の次のような語りに表れている。

> 〈町の投票率がとても高いですよね〉
> （投票率が高いのは）その地区、その地区の議員を落としたくないという意識があるだけ。町で（＝町全体のことを考えて）議員を選ぶのではなく、地区の代表を選ぶ選挙だから。

　投票率がきわめて高いことに関してＥさんは、自分たちの地区出身の議員を落としたくないという意識からであると語っている。自分の地区の代表を当選させたいと思うがゆえに、欠かさず投票に行く地域住民の様子が見てとれる。きわめて高い投票率は、政治意識の高さを表しているというよりも、むしろ自分の地区の意思を町政に反映させるために、地区代表を議会に送り

込みたいとする住民意思の反映であると感受されたのであるから、Eさんには「地区の結束力が強い」という行動様式が経験されたことになる。

「暮らしの中で投票に行くことがあたりまえである」という行動様式の経験は、たとえばIさん（20歳代女性）の次のような語りに表れている。

> 〈最近は、若い人たちが選挙に行かないと言われているが、どうしてまじめに選挙に行くのか？〉
> 基本、（選挙には）行きます。関心というよりも、行くのがあたりまえだから。
> 選挙、パスしたことないです。行かないのは有り得ない。他の選択肢はない。

なぜ、毎回、選挙に行くのかという問に対してIさんは、選挙に行くのは関心があるからというよりも、行くのがあたり前であり、選挙に行かないという選択肢はないと語っている。選挙に行くことが生活の中に溶け込んでいる地域住民の様子が見てとれる。地区の代表を議会に送り込もうとして選挙に行くことは、政治に対する関心の有無にかかわらず、ごく自然な日常の行動であると感受されたのであるから、「暮らしの中で投票に行くことがあたりまえである」という行動様式が経験されたことになる。

このように地域住民は、文字による情報伝達が、確実性や利便性をもたらすと感受された経験や、濃密な人間関係はわずらわしいことをもたらすが、必要なものであると感受された経験、きわめて高い投票率は、政治意識の高さを表しているというよりも、むしろ地区の意思を町政に反映させるために、地区代表を議会に送り込みたいとする住民意思であると感受された経験、地区の代表を議会に送り込もうとして選挙に行くことは、政治に対する関心の有無にかかわらず、ごく自然な日常の行動であると感受された経験を有していることから、旧沢内村の地域社会の質として「役に立つものは活用する」という行動様式をあげることできる。

4　隠れたカリキュラムとして子どもに伝えられる行動様式

　旧沢内村において、地域養護活動が可能になる地域住民の行動様式としての地域社会の質は、(1) 自ら発信することが大事である、(2) 他人事にしない・されない、(3) みんなで考える、(4) 無理をしすぎないでおこなう、(5) 憶測で物事を決めない、(6) 役に立つものは活用する、の6つであった。では、このような地域社会である旧沢内村で地域養護活動を経験することは、子どもにとってどのような意味があると言えるのであろうか。

　社会的養護経験者は、そのケアを離れた後に孤立感の中で社会的不利を増幅させていく傾向にあることがわかっている。そのため最近では、社会的養護経験者の自立を、困ったときに助けを求められることであるととらえるようになってきた。これについては、第4章の2 (3) で述べたとおりである。このようなことから、社会的養護の下で育つ子どもにとって、他者のちからを借りるとなんとかなるかもしれない、困ったときには他者に助けを求めればよいというような行動様式は、かれらの自立にとってきわめて重要な要素になると考えられる。

　住民の行動様式としての地域社会の質を勘案すると、旧沢内村で困難に陥った地域住民は、「(1) 自ら発信することが大事である」ため、まず困難を周りに伝える。すると、「(2) 他人事にしない・されない」、「(3) みんなで考える」ため、周りの人が集まってくることになる。そして集まってきた人たちは、「(5) 憶測で物事を決めない」から、その人の困難の要因を探り、その要因を少しでも取り除くために「(4) 無理をしすぎないでおこなう」べく、自分にできることに着手し「(6) 役に立つものは活用する」ので、可能な限りの方法を駆使する。その結果、困難が少しは緩和されていくことを経験するのであろう。

　困難に直面したときの旧沢内村地域住民のこのような行動様式が、この地でホームスティをおこない、地域住民と暮らしを共にする児童養護施設の子どもに隠れたカリキュラム[4]として伝わっていくならば、地域養護活動を経験した子どもに、他者のちからを借りるとなんとかなるかもしれない、困った時には

他者に助けを求めればよいという気もちが醸成されることになるであろう。

　旧沢内村には子どもを尊重する気風があるとはいえ、はたして町全体が地域養護活動に参加する子どもにダメージを与えないような地域社会であるのかという問から出発した。この問に対し、旧沢内村は、子どもにダメージを与えにくい地域社会であり、同時に、困ったときには他者に助けを求めればよいという気もちを醸成する地域社会であるという答を手にすることができた。

　仮に、地域養護活動を経験した子どもが、児童養護施設を退所し、社会的養護のケアを離れて困難に陥った際に、施設の職員等、周りにいる他者へ助けを求めることができたとすれば、地域養護活動によって他者に助けを求めようとする気もちが醸成されたと言えるかもしれない。ただ子どもは、自分をめぐる周りの「ひと・もの・こと」とのかかわりから様々な影響を受けながら育っていくため、それが地域養護活動の効果であったのかどうかについて証明することは、何をもってしてもかなわないことである。しかし、いずれにせよ、地域養護にかかわってきた人たちは、地域養護活動を経験した子どもが困難に陥った際に、助けを求めることができたことを知れば安堵するであろう。自分たちのかかわりが功を奏したかどうかということではない。そこにはおとなの都合によって翻弄されてきた子どものすこやかな育ちを願う気もちがある。このように自分のことを案じてくれる人がいて、その人とのつながりを感受できるようになること、それがまた、他者に助けを求めることを可能にしていくに違いない。

　この本では、みどり学園の地域養護活動の受け入れ先として旧沢内村をとりあげてきた。しかし、みどり学園の地域養護活動の受け入れ先は、岩手県内にもう1か所ある。山間の旧沢内村とは異なり海辺の町である洋野町角浜地区である。みどり学園は、虚弱児施設であった時代から、毎年、夏になれば角浜に施設をまるごと移し、約1週間の「種市転住」をおこなっている。

　地域養護活動が可能になる地域社会の質について考えるには、この角浜地区のことも忘れてはならない。本書では、角浜地区の地域養護活動について触れることができなかったため、角浜で地域養護活動に関わってこられた地域住民3名の方にコラム原稿を寄せていただいた。コラム原稿から種市転住

の様子、地域養護活動を可能とするもうひとつの地域社会の質を読み取っていただければ幸いである。

１本の弁論大会録音テープに教えられて

　1983（昭和58）年頃の夏休みに、地元の学校でみちのく・みどり学園の理事長先生の講演がありました。講演の中で、学園の弁論大会の録音テープが流れました。それは、病気のため親と一緒に暮らすことができず、学園で生活している中学3年生の女の子の弁論でした。
　「学園にまだプールがなかった頃、学校のプールを借りて泳いでいると、そこの生徒たちから、病気がうつる、病気がうつると言われ笑われた。好きで病気になった訳ではない。体は病気だけど、心は病気ではない。そういう中で、いつも励ましてくれる先生方、優しくしてくれる友だち、いつも心配してくれる親がいる。皆さんの支えの中で、感謝の気持ちを忘れず、負けないで夢をかなえる為、一生懸命生きていこうと思う」。
　テープから流れてくる女の子の声を聞きながら、涙がとまりませんでした。このような病気の子どもが必死で生きている事も知らなくて、恵まれた生活に満足できないでいる自分を反省しました。家に帰ってからも、女の子の話が頭から離れませんでした。自分にできる事はないかと考え、学園の子が転住で町に来ている時に、地元の子と一緒にラジオ体操ができないかと思い、学園の先生に相談しました。先生は、快く「いいですよ」と言ってくださり、子ども会の会長さんにもお願いして、翌日から、地元の子と学園の子が一緒にラジオ体操をすることになりました。
　また地元の子と学園の子が早起きして、「みどりファイト、角小ファイト」と園名と校名の両方で声をかけあい、潮風をうけながら県境を通過して灯台まで一緒に走り、交流が進み仲良くなっていきました。おとなの私たちも、子どものうしろを走り、朝の時間を一緒に過ごしました。
　何年か経って、私の家の畑に地元の子と学園の子で一緒にじゃがいもを植える事になりました。5月になると、学園からバスでじゃがいもを植えに来てくれるよう

になりました。そして、夏休みには、地元の子と学園の子が協力してじゃがいもを掘り、洗ってゆでて、一緒にいただきます。畑は「角小みどり学園いきいき転住農園」と名づけられました。ラジオ体操と同様に、地域の皆さんのおかげで、このような交流会は今もずっと続いています。

じゃがいも堀りを楽しんだ後は、ソフトボール交流をしたり、地域のPTAの皆さんが準備してくれる流しそうめんを食べたりして過ごします。学園主催のお祭り広場や、町の夏祭りは、学園と地域の楽しい交流の場になっています。最後の夜の感謝祭には、町長さん、教育長さんも参加してくださいます。

転住が終わる日の退所式には、園歌と校歌を歌って1人ひとり握手しながら、学園の皆さんを「いってらっしゃい」となごり惜しく見送ります。そして、毎年、「おかえりなさい」と学園の子らが帰ってくる日を楽しみに待っています。

女生徒の弁論を録音した1本のテープから交流が深まりました。地域の子どもも、学園の皆さんから、たくさんの思いやりをもらい優しい子に育ててもらえました。地域の人に感謝するとともに、学園の皆さんの1人ひとりの夢がかなうように、いつも応援しています。（村山フミエ）

心の通う人たちの集まる場所

みどり学園の種市転住が個人宅を宿にスタートして早や45年になろうとしています。最初の頃は喘息等の虚弱児のために、自然豊かな海のそばで潮風を受け、少しの間でも子どもたちに健康をという目的のもと、早朝マラソン、乾布マッサージ、海水浴等がおこなわれていました。

1982（昭和57）年に漁村センターが地区に建設されたことから、転住の宿泊場所が漁村センターへと移りました。私は1983（昭和58）年にセンターの管理者を引き受けることになり、学園とのつながりをもつようになりました。夫婦二人三脚で、転住の入所式や退所式には顔を出し、子どもたちと触れ合うようにしています。夜

には学園の先生たちのミーティングにも参加させていただきました。議論をかわし、私自身も親として教えられることがたくさんありました。その話し合いの中で、学園の方から、転住でお世話になっているので、地域の方々と何か一緒にできることはないかという話がありました。お店を出し、地域の方々に集まっていただき、子どもの様子を見てもらいながら楽しんでもらうのが良いのではと始められたのが、現在もおこなわれているお祭り広場の交流であり、夜の懇親会です。

　その後、小学校のPTA会長を引き受け、学校の先生方とも話をする機会を得ました。学校が福祉協力校の指定を受けたのをきっかけに、転住で来ている学園の人たちと交流したいとの話があり、夏休みに朝のラジオ体操を一緒におこなうことから始め、お祭り広場での駒踊りの披露、学校でのスポーツ交流と広がっていきました。その1つに、小学生が体験学習で取りくんでいる、地域の人たちと一緒に田植えをして作ったもち米を学園に送る活動があります。

　お祭り広場での芸能発表は、地域の方々も楽しみにしており、子どもや孫と一緒に見に来てくれます。そういった中で地域の人たちは、学園の先生方の子どもに接する姿勢に感じるものがあったのでしょう。いろいろな行事への協力を申し出て快く引き受けてくれるようになっていきました。海のある所へ来たのだからと、自分の船で船乗り体験をさせてくれる漁師の方、磯遊びに協力してくれる漁協生産部の方、よさこい踊りのグループの方は、お祭り広場での発表以外に、町の夏祭りへ学園の子どもと一緒に参加する等、活動の場が広がりつつあります。

　「点から線へ、線から面へ、面から球へ」と願ってきた活動は、確実に形となり歩んできていると思っています。交流をするにあたり、組織づくりをしておこなうことを勧めてくれる方もおりましたが、私は何にも縛られることなく、自然な形でその折々に自分たちのできることで協力しながら交流できたことが、45年続き広がってきたことの大きな要因だと思い、活動への誇りと喜びを感じています。

　様々な行事を通した触れ合いの中で、1人ひとりの大切さ、思いやり等を感じてきたのは私だけではないと思います。学園を取り巻いている皆さんと共に私も地域の方々と手を携えながら学園をこれから応援して参りたいと思っているところです。学園のますますの発展と活躍をお祈りしたいと思います。「健康にまさる宝なし」。

（下田博美）

「種市転住」子どもと共に歩む

　「ただいま」。今年の夏も、みどり学園の子どもたちと先生が角浜へやってきた。「おかえり」と角浜小学校の子どもと先生、地区民が出迎える。例年の光景である。
　みどり学園が初めて角浜に来たのは1974（昭和49）年、43年前の夏である。当時は虚弱児施設で喘息を患う子どもが多く入所していたとの事である。夏場に体力回復の為、岩手沿岸各地に短期滞在していた。角浜小学校の元教諭から紹介を受けたのがきっかけで、地区にある大衆浴場の経営者が「子どもが元気になる為ならば」と受け入れを快諾し、当初は施設の広間を宿泊場として使用しながら数年続いた。
　1983（昭和58）年からは地区の漁村センターに場所を移してその後も毎年継続して角浜を訪問している。毎年やって来る子どもたちの受け入れに当たっては地区内では特別な組織をつくっている訳ではない。
　私がこの交流に関わるきっかけは、地元の郷土芸能の「角浜駒踊り」を学園の子どもたちに披露して欲しいとの依頼があり、保存会員の一員であったことから交流の場で披露したのが始まりである。その後、角浜の歴史や風土を知ってもらいたい、交流を通じて子どもたちにささやかな想い出作りの一助になればとの思いで続けてきた。
　我々漁業者は、子どもを船に乗せる、海岸の海辺の浅瀬で小魚をつかまえたり貝拾い等の磯遊びを提供し、農業者は、畑を開放してジャガイモや枝豆の栽培から収穫迄の体験を提供する等、地区民の支援の輪が自然と広がった。この交流が長期にわたり続けられたのは学園の子どもを地区民が偏見を持たずに角浜の子どもと同じ目線で分け隔てなく、「子どもは子ども」と自然な形で接して来た事が大きいと感じている。
　角浜転住は通常の学園内の慣れた生活から環境の違う場所での生活を行うことになる。漁村センターでの生活が子どもにとっては不自由さや不便な面を感じることもあるかもしれない。
　特に県内各地から親元を離れて学園で寄宿生活をしている子どもたちであるので、日頃学園生活の中で我慢や辛抱など不自由な経験もしているのだろうと推察する。1

人ひとりの顔が違う様に子どもたちは考え方も各人違うと思う。学園の子どもたちに寄り添い親身に育て指導している先生方には敬意を表したい。
　私は、人生は人と人との繋がりであると思っている。それぞれが成長し老い新しい命を育む過程を支え合い影響を与え合いながら人生を形作って行く、その1つひとつの過程において、おのおのがその時々の課題や悩みを持ち、時には精神的、身体的問題を抱えながら過ごして行くわけである。「何でもそつなくこなす」能力を求めたがる現代、社会に適応しようと努力する子どもたち、万能でなくても自分の能力に応じて1人ひとりの子どもが自分らしい生きる力を見いだし得意なことを生かして生きていければいい、その手助けが出来ればと思う。1つの出会いを大切に今を共に生き歩む。細やかな交流活動であるが、これからも継続して関わって行きたい。

（大村文雄）

【注】
1　NPO法人輝けいのちネットワーク（2010: 12）によると、ホームスティ振り返りの会において、ボランタリーに参加していない人の様子について次のような報告がされている。ホームスティに来た子らが披露してくれた盛岡さんさ踊りが可愛いかったので、ガソリンスタンドの従業員の前でも披露してもらったら、従業員が「『元気でね。気をつけてね』と声をかけてくれ（略）塗り絵のセットのヘアゴム」を子どもに渡した。
2　2016年度から広報「西和賀」と題字が変更になった。
3　合併前の沢内村議会議員選挙（2003年4月27日）の投票率は95.55%、合併直後の西和賀町議会議員選挙（2005年11月20日）の投票率は92.11%であった。それから以降も町議会議員選挙の投票率は90%代であったが、2015年の選挙では89.04%となっている（選挙ドットコム http://go2senkyo.com/，2017年3月21日）。
4　隠れたカリキュラムとは、フォーマルなカリキュラムとは異なり、意図しないままに無意識のうちに、知識、行動の様式、性向、意識やメンタリティ等が子どもに伝わることである。おもに保育・教育の場において使用される。

【引用文献】
藤澤　昇（2004）「みどり学園新療育記 ── 地域での子育ち子育て支援」高木紘一・今野順夫・砂山克彦編『福祉の現場 ── 実践と発信（伊藤博義先生古稀記念論文集）』信山社，53-85．
『子どもが語る施設の暮らし』編集委員会（1999）『子どもが語る施設の暮らし』明石書店．
『子どもが語る施設の暮らし2』編集委員会（2003）『子どもが語る施設の暮らし2』明石書店．

NPO法人輝けいのちネットワーク (2010)『平成21年度いわて保健福祉基金助成事業 児童擁護（ママ）施設の児童を年間を通してホームスティさせる事業 ホームステイの記録』NPO法人輝けいのちネットワーク.

大谷　尚 (2007)「4ステップコーディングによる質的データ分析手法　SCATの提案　着手しやすく小規模データにも適用可能な理論化の手続き」『名古屋大学大学院教育発達科学研究科紀要（教育科学）』54 (2)，27-4.

おわりに

　子育ての社会化とは、子どもを育てるという営みを個人の私的な空間に閉じこめるのではなく、様々なおとながかかわる営みとして社会に開かれたものにしていこうという取りくみである。子育ての社会化の必要性と意義については、今日では多くの人が認めるところであり、盛んにおこなわれるようになった子育て支援等も子育ての社会化のひとつである。

　しかし、子育ての社会化が子どもにとってどのような意義があるのかについて議論される際、それはいつの時も親のもとで育つ子どもに関してであった。親のもとで育つ子どもにとって子育ての社会化が必要であるなら、児童養護施設で育つ子どもにとっても子育ての社会化は当然、必要となるはずである。それにもかかわらず、なぜ、施設で育つ子どもの子育ての社会化は議論にならないのか。おとなの側から言えば、社会的養護ということ自体が、子育てを社会化しているのであるから、それをさらに社会化する必要はないということになるのかもしれない。しかし、施設の暮らしが日常となった子どもの側から言えば、施設の職員とのかかわりしかない子育ちの場というのは、親とのかかわりしかない子育ちの場と同じではないのか。

　この本で紹介した地域養護活動というのは、児童養護施設で育つ子どもを育てる営みを施設だけで完結させるのではなく、施設外の様々な人たちとのかかわりの中で育つ場を施設の子どもに提供する取りくみ、いわば、「施設養育の社会化」であると言える。施設養育を社会化するのは並大抵のことではない。ホームスティ事業であれば、週末の連日、職員は片道およそ70キロの送迎をおこなわなければならない。まるごと事業や転住であれば、食料品や日用品等、まるで引っ越しのようなたくさんの荷物を伴う大移動をおこなわなければならない。施設養育を施設内だけで実施すれば、施設職員は、このような時間とエネルギーは使わなくても済むであろう。それにもかかわらず何十年にもわたり地域養護活動が続けられてきたのはなぜなのか。多く

の時間とエネルギーを費やしておこなわれる地域養護活動の効果は、私たちの調査結果によれば、子どもの認識が拡がる、すなわち、子どもがこの社会には、多面的な人が多様に存在していると、社会を等身大にとらえるようになることであった。

　地域養護活動によって、「できなかったことができるようになった」、「子どもの生活態度が大幅に改善した」等の目に見える大きな変化があれば、その効果を理解するのは容易い。しかし、そのような劇的な変化が起こったわけではないだけに、正直なところ、自分が生きる社会を等身大にとらえられるようになることに意味があると気づくには時間が必要であった。

　学会発表等で激励の反応と冷ややかな反応の両方があったからこそ、虐待を受けた子どもにとって、社会を等身大でとらえられるようになることの意味が見えるようになったと言える。激励の反応からは教えられることが多く、冷ややかな反応からは、伝えたいことが伝わらない理由を考えさせられるようになった。被虐待児の生き難さがその場にいる人たちに共有されていてこそ、自分が生きる社会を等身大にとらえられるようになることの意味が理解されるのだとわかった。私たちの研究に様々な形でコメントを寄せてくださった方々にこの場を借りてお礼を申し述べたい。

　調査研究の過程で、岡壇さんの『生き心地の良い町――この自殺率の低さには理由がある』(講談社、2013年) と、森川すいめいさんの『その島のひとたちは、ひとの話をきかない――精神科医、「自殺希少地域」を行く』(青土社、2016年) という2冊の本に出会った。前者では国内できわめて自殺率の低い地域（自殺希少地域）の1つである旧海部町（現海陽町）が取りあげられており、自殺予防因子について論じられている。また、後者では旧海部町を含む5つの自殺希少地域が取りあげられており、自殺予防の観点からオープンダイアローグについて論じられている。

　私たちが驚いたのは、上記2冊の本に紹介されている地域社会の質と私たちが調査した旧沢内村のそれとの類似性である。旧沢内村の地域社会の質についてはすでに述べたが、その際、紹介できなかった「結」と自殺希少地域である旧海部町の「朋輩組」の類似性には触れておきたい。町村合併で西和賀町になる前に湯田町沢内村任意合併協議会が出した『湯田町沢内村まちづ

くり将来構想（案）』の副題は、「新しい時代の『結（ゆい）』によるまちづくり」となっており、結について次のように説明されている。

> 「結（ゆい）」は、本地域に伝統的に伝わる互助互恵の社会のしくみです。農作業や住居の修復などに際しては、住民相互の労働の貸し借りを行い、人と人とが助け合ってきました。このしくみが地域社会を維持発展させてきた源でもあります。

調査の中で、たびたび、旧沢内村には結の精神があると耳にした。そして、結についていつも上記のような説明を聞いてきた。しかし、自殺希少地域として紹介される旧海部町の朋輩組のことを知ると、この説明だけでは不十分であると思うようになった。朋輩組というのは、「問題が起こらないように監視するのではなく、問題が起こるもんだと思って起こった問題をいっしょに考えて解決するための組織」（森川 2016: 62）であると言う。その前提には、問題は起こるものであるという世界観がある。

では、結の前提となっている世界観は何であろうか。それは、厳しい自然環境の下では、誰もが様々な困難に直面し、誰もが個人の力だけでは暮らしを維持することができないから助け合うのは必然であるという世界観であるように思う。おそらくその世界観は、地域住民にとってはあまりにもあたり前であるがゆえに、明確な言葉で説明されてこなかったのであろう。

人は、人とのつながりの中で自然と折り合いをつけながらでしか生きていくことができないという世界観が結の精神の源にあり、地域住民による互助互恵は、人を縛るものではなく、この世界観の共有に支えられた必然であるに違いない。昨今、教育や福祉の領域において、地域ネットワークへの関心が高まっている。しかし、それらは往々にして、問題が起こらないように人々を管理したり監視したりするしくみとなり、人々の暮らしを息苦しくさせている。結も地域ネットワークであることに違いはないが、拠って立つ世界観の違いにより、結は社会防衛をめざすものではなく、問題を解決するためのしくみとして機能するため、昨今の地域ネットワークとはその内実が異なっている。一方、問題は起こるものであることを前提とする旧海部町の朋輩組

と旧沢内村の結とは、その世界観において似ているところがあると言える。

最後に、「はじめに」でふれた、ホームスティに参加したことのある２人のきょうだいにとって、社会人になった今、ホームスティはどのようなものとして心に刻まれているのかを、かれらの作文をとおして紹介しておきたい。

　　初めて学園じゃない場所にいき山を見た、たんぼを見た、川を見た。夜になれば、園長先生がつかまえてきたホタルを見た、朝になれば庭池のしかけを上げて生き物を見た。楽しかった。見る物すべてが初めてだった。当時の私は、母親がいなくてよく泣いていた。その時に新しい物だらけの沢内はとても楽しかった。

山やたんぼや川、ホタル、生き物との出会いのみずみずしい感動が綴られている。しかし、彼らは大都会のビルの谷間で暮らしていたわけではない。山やたんぼや川は、いつも身近なものとしてあったはずである。おそらく、母親がいなくてよく泣いていたかれらには、身近にある山やたんぼや川、ホタル、生き物と出会うゆとりがなかったのであろう。ホームスティでゆとりを取り戻したとき、すべてが新鮮な出会いとなった。まさに認識が拡がったと言える。

このような経験を支えたのは、「沢内に行き自然で遊んだ」こと、そして「沢内に行って多くの人とふれ合った」ことであるという。しかし、それだけではないようだ。夏休みや冬休みに里親さんのところへ行き、里親さんの家族のことも考えず、自分勝手なふるまいをしていた「たちの悪い子ども」であった自分たちと沢内に行ったときの自分たちを比較して、次のように綴っている。

　　帰省した先（＝里親宅：筆者注）のルールを守らず、自分達の考えを押し付け、やりたい放だいだった。だから、今回も一緒だと思った。しかし結果はそうならなかった。むしろそこで協調性や、相手の話をきちんと聞くといった、社会人として当たり前の事をそこで学べたと思う。なぜなのか、それは普通の帰省と違って、周りに学園の人達がいたからだと思う。

沢内におけるホームスティ先はそれぞれ異なるけれど、自分のホームスティ先の近くにみどり学園で共に暮らす仲間がいたから安心して過ごせたのだという。「夜になると一つの家に集まって、互いの家では何をしたというコミュニケーションを取り合った」こともあったらしい。地域養護活動は、地域養護活動が可能になる地域社会のみでは成立しない。同じような経験をしてきた施設の仲間とのつながりがあってこその地域養護活動であると言える。

　調査の過程で、たくさんの子どもに出会った。みどり学園で暮らす子どもには、みどり学園を訪問した際に何度か再会したし、これからも顔を合わせる機会があるかもしれない。しかし、2012年に実施されたまるごと事業で出会った子どもとは、今後、再び会うことはかなわないであろう。だからこそ2012年8月22日から26日の5日間は、私たちにとって特別の意味をもっている。

　この本を書き終えた今、かれらの顔やエピソードが脳裏をよぎる。今頃どうしているのであろうか。私たちが出会った子どもの誰もが、幸せな人生を歩んでほしいと願わずにはいられない。先の2人は次のように綴っている。

　　社会で働いて生きていくのは本当に大変だ。それでも沢内で学んだ、人との向き合い方や辛い思いをした後、かならず報われることなどがあるのだから明日もがんばれる。

※2017（平成29）年8月、厚生労働省から、2016（平成28）年度中に、全国210か所の児童相談所が児童虐待相談として対応した件数（速報値）は、前年度比18.7％増の122,578件で過去最多を更新したと発表された。調査を開始した1990（平成2）年度から26年連続で増加している。そのような中、西和賀町健康福祉課よると、同町は2016（平成28）年度における児童虐待に係る県への報告はゼロであった。この本の題名を『虐待ゼロのまちの地域養護活動』とした所以である。

2017年8月

井上寿美・笹倉千佳弘

この本のもとになった論文・学会報告

【論文】
井上寿美・笹倉千佳弘（2017）「旧・沢内村住民の行動様式の観点からとらえた地域養護活動が可能である地域社会の質――里親レスパイト・ケアとしての里子のホームステイ実現にむけて」大阪大谷大学教育学部『幼児教育実践研究センター紀要』7, 1-16.

井上寿美・笹倉千佳弘（2017）「児童養護施設退所後の自立困難軽減に向けた地域養護活動の可能性――旧・沢内村（現・西和賀町）における取りくみを事例として」『大阪大谷大学紀要』51, 129-148.

笹倉千佳弘・井上寿美（2016）「社会的養護児童の子育ち・子育てを支援可能とする地域社会の特徴―― 西和賀町（旧沢内村）を事例として」就実教育実践研究センター『就実教育実践研究』9, 201-214.

笹倉千佳弘・井上寿美（2016）「地域養護活動におけるエピソードの分析と考察 ―― 子どもの外集団認識を視野に入れた児童養護施設インケアの可能性検討に向けて」就実大学・就実短期大学『就実論叢』45, 225-254.

井上寿美・笹倉千佳弘（2014）「社会的養護児童と地域の『ひと・もの・こと』との関係形成過程 ―― 社会的養護児童の子育ての社会化に注目して」関西福祉大学『社会福祉学部研究紀要』17（2), 9-15.

笹倉千佳弘・井上寿美（2015）「社会的養護児童の子育ての社会化の可能性 ―― 地域養護活動への参与観察をふまえて」就実教育実践研究センター『就実教育実践研究』8, 223-236.

井上寿美・笹倉千佳弘（2015）「社会的養護児童の子育ての社会化が子どもの認識に与える影響 ―― 地域養護活動における『ひと・もの・こと』との関係に注目して」関西福祉大学『発達教育学部研究紀要』1（1), 1-8.

笹倉千佳弘・井上寿美（2014）「子育ての社会化をとおした社会的養護児童と地域の『ひと・もの・こと』との関係」就実教育実践研究センター『就実教育実践研究』7, 205-213.

笹倉千佳弘・井上寿美（2013）「地域養護活動が児童養護施設の子どもに与える影響」就実教育実践研究センター『就実教育実践研究』6, 205-211.

井上寿美（2013）「児童養護施設で育つ社会的養護児童の子育ての社会化 ―― 地域養護活動を事例として」関西福祉大学『社会福祉学部研究紀要』17（1), 9-15.

【学会発表】

井上寿美・笹倉千佳弘 (2016)「児童養護施設退所後の自立困難軽減に向けた地域養護活動の可能性 —— 旧・沢内村（現・西和賀町）における取りくみを事例として」日本社会福祉学会第 64 回秋季大会（於：佛教大学）.

井上寿美・笹倉千佳弘 (2016)「社会的養護児童の子育ち・子育てを支援可能とする地域社会の質 —— 旧沢内村（現西和賀町）を事例として」日本保育学会第 69 回大会（於：東京学芸大学）.

笹倉千佳弘・井上寿美 (2015)「外集団との関係からとらえた社会的養護の子どものエンパワメント実現に向けた支援 ——児童養護施設退所後の生活困難解消を視野に入れて」日本教育社会学会第 67 回大会（於：駒澤大学）.

井上寿美・笹倉千佳弘 (2015)「地域養護活動が社会的養護児童に与える影響 —— 子どもに生じる『認識の拡がり』に注目して」日本保育学会第 68 回大会（於：椙山女学園大学）.

笹倉千佳弘・井上寿美 (2014)「困難な状況にある子どもにとっての子育ての社会化の意義 —— 地域養護活動の事例をとおして」日本教育社会学会第 66 回大会（於：松山大学）.

笹倉千佳弘・井上寿美 (2014)「子育ての社会化をとおした社会的養護児童の育ちに関する検討—— 地域養護活動における『ひと・もの・こと』との関係に注目して」日本保育学会第 67 回大会（於：大阪総合保育大学・大阪城南女子短期大学）.

西和賀町（旧沢内村）関連文献

畠山富而（1982）『野の花――岩手の母子保健に生きた人々』メディサイエンス社．
いのちの灯の集い実行委員会・NPO法人輝け「いのち」ネットワーク（2010）『老人・乳児医療費無料化50周年記念 いのちの灯の集い』．
石川敬治郎（2008）『どの子もすこやかに―― 一小児科医の心の軌跡』「どの子もすこやかに」刊行委員会．
岩手県立大学社会福祉学部西和賀いのちのプロジェクト（2011）『西和賀いのちのプロジェクト 平成21-22年度 活動報告集』．
菊地武雄（1968）『自分たちで生命を守った村』岩波書店．
前田信雄（1983）『岩手県沢内村の医療』日本評論社．
みどり学園文集企画部（1995）『さわうち むろね かどのはま 紀行文』みどり学園．
盛岡市西部公民館編（2004）『いわての子守唄と女性たち』いわて子守唄を歌う会．
長瀬野新集落「和衷会」（2001）『長瀬野新集落移転30周年記念誌 しんしゅうらく――共につくり 共に生きる』長瀬野新集落「和衷会」．
にしわが町民劇場実行委員会（2013）『にしわが町民劇場の軌跡 ―― 2年9ヵ月を振り返って』．
NPO法人輝けいのちネットワーク（2010）『平成21年度いわて保健福祉基金助成事業 児童擁護（ママ）施設の児童を年間を通してホームスティさせる事業 ホームステイの記録』．
太田祖電・増田進・田中トシ・上坪陽（1983）『沢内村奮戦記 ―― 住民の生命を守る村』あけび書房．
及川和男（1989）『鐘を鳴らして旅立て―― みどり学園療育記』新潮社．
及川和男（2001）『「あきらめ」を「希望」に変えた男 ―― 沢内村長・深澤晟雄の生涯』日本経済新聞社．
及川和男（2008）『村長ありき―― 沢内 深澤晟雄の生涯』れんが書房新社．
及川和男（2011）『生命村長』岩手県生活協同組合連合会．
及川和男（2010）『命見つめ心起こし――「生命村長」深澤晟雄スタディー』れんが書房新社．
小野寺聡・瀬川強・高橋光世編（2015）『古民家清吉稲荷の記憶』西和賀エコミュージアム．
佐々木孝道「諦めの境地から生きる郷へ」山崎憲治・本田敏秋・石崎友子『3.11後の持続可能な社会をつくる実践学 ―― 被災地・岩手のレジリエントな社会構築の試み』明石書店．

佐々木嘉彦・ほか著（1969）『沢内村長瀬野地区集落再編成計画における諸問題』山村振興調査会.
指田志恵子（1989）『生命満つる里・沢内村』ぎょうせい.
佐藤俊一（2012）『日本地方自治の群像〔第三巻〕』成文堂.
沢内村郷土史研究会（1975）『澤内風土記』沢内村郷土史シリーズ第九集，沢内村郷土史研究会.
沢内村教育委員会編（1982）『昭和58年度　さわうちの社会教育』沢内村教育委員会.
沢内村・沢内村社会福祉協議会編（1983）『ふくしを語る村民の集い　沢内村社会福祉大会第17回』沢内村出版.
沢内地区へき地教育センター編・沢内村教育委員会監修（1970）『わたしたちの沢内』.
高橋喜平（1998）『沢内物語』岩手日報社.
高橋典成・金持伸子（2009）『医療・福祉の沢内と地域演劇の湯田：岩手県西和賀町のまちづくり』居住福祉ブックレット17，東信堂.
照井覚治（1981）『むらづくり一筋 ── 東北の寒村に燃える希望の灯』清文社.
和衷会（2011）『長瀬野新集落移転40周年記念誌　しんしゅうらく　和衷協同 ── 共につくり　共にいきる』.
湯田町沢内村任意合併協議会（2003）『湯田町沢内村まちづくり将来構想（案） ── 新しい時代の「結（ゆい）」によるまちづくり』.

映画「いのちの作法 ── 沢内『生命行政』を継ぐ者たち」（監督：小池征人、2008年）.
映画「葦牙─あしかび─こどもが拓く未来」（監督：小池征人、2009年）.
映画「いのちの山河 ── 日本の青空Ⅱ」（監督：大澤豊、2009年）.
映画「増田進 ── 患者さんと生きる」（監督：都鳥伸也、2016年）.

[編著者プロフィール]

井上　寿美（いのうえ　ひさみ）

　1958 年生まれ。関西大学大学院文学研究科修了後、YMCA プレスクール講師、保健所の心理相談員等を経験する。関西福祉大学社会福祉学部、同大学発達教育学部勤務を経て、現在、大阪大谷大学教育学部准教授。2012 〜 2015 年度の 4 年間、兵庫県川西市子どもの人権オンブズパーソンを務める。
　主な著書に、
　『子どもと出会うあなたへ』（共編著）明石書店、2001 年
　『育つ・育てる・育ちあう──子どもとおとなの関係を問い直す』（共編著）明石書店、2006 年
　『子どもを育てない親、親が育てない子ども──妊婦健診を受けなかった母親と子どもへの支援』（共編著）生活書院、2015 年ほか。

笹倉　千佳弘（ささくら　ちかひろ）

　1958 年生まれ。同志社大学文学部卒業後、公立高等学校に 10 年間勤務した後、関西大学大学院文学研究科に入学。同大学院修了後、夙川学院短期大学勤務を経て、現在、就実短期大学幼児教育学科教授。
　主な著書に、
　『学校の境界』（共著）阿吽社、2003 年
　『育つ・育てる・育ちあう──子どもとおとなの関係を問い直す』（共編著）明石書店、2006 年
　『子どもを育てない親、親が育てない子ども──妊婦健診を受けなかった母親と子どもへの支援』（共編著）生活書院、2015 年ほか。

[コラム執筆者プロフィール（五十音順）]

有馬　絹（ありま　きぬ）

　約10年間、学童クラブの指導員を務める。農業、福祉、観光の融合を夢みて、55歳で退職し、現在は、主婦、百姓等フリーター。自分ではスーパーフリーターと思っている。30歳頃に独学で保育士資格取得。

太田　宣承（おおた　せんしょう）

　1974（昭和49）年7月、旧沢内村碧祥寺に生まれる。1977（昭和52）年5月、京都の大谷大学修士課程在学中に、最愛の父を突然病死により失う。祖父であり旧沢内村長も務めた祖電の支援により修士課程を無事修了。1999（平成11）年4月、碧祥寺副住職、特別養護老人ホーム光寿苑苑長に就任。2014（平成26）年5月、碧祥寺15世住職就任。2015（平成27）年12月、社会福祉法人光寿会理事長就任。現在は、地域の若者たちと寺子屋事業等に挑戦中であり、6人の子どもの親として奮闘中。

大村　文雄（おおむら　ふみお）

　元洋野町議会議員、現、洋野町角浜地区会長、種市漁業協同組合理事角浜生産部長。みどり学園との出会いは1983（昭和58）年種市転住の際、角浜駒踊り、披露郷土芸能交流に参加した時から始まる。学園の子どもが種市転住の際、角浜の人、自然、文化に触れ、地域を知って欲しいとの願いから、船乗り体験、海磯遊び体験、角浜少年消防クラブ消火訓練交流体験など角浜小学校児童と共に毎年交流を続けている。

志賀久　満喜子（しがく　まきこ）

　西和賀町の保育所に38年間勤務し、東日本大震災の年2011（平成23）年3月に退職。みどり学園の職員や園生との出会いは、長年、沢内村の乳幼児健診に携わった故石川敬治郎先生を通してのことである。保育所で、みどり学園の夏季転住時にボランティアとして園生の受け入れを行ったり、園の幼児と保育所の子どもの交流保育を行ったりする等、親交を深めた。退職の数年前から年に数回、ホームステイの子たちを受け入れていたが、現在は家庭の事情でホームステイをお休みしている。

下田　博美（しもだ　ひろみ）

　小学校2年生の頃より木に興味を持ち、高校卒業後、送電の鉄塔組立の仕事をしながら北海道全域を回り、自然の樹木の性質を観察、その後、長距離トラックの運転手で全国を回りながら場所、場所の特色を勉強する。造園の会社に就職し、腕を磨き1985（昭和60）年より造園業を自営する。地域の行政推進員、PTA会長、岩手県PTA連合会の役員を経験し、町の教育委員を拝命し、10年ほど教育委員として町内の学校教育の現場を勉強する。現在は造園業の傍ら、好きな黒毛和牛の繁殖に励んでいる。管内和牛改良組合の副支部長を務めながら、農業委員として農家の所得向上をめざし、「健康に勝る宝なし」をモットーとして奮闘中である。

高橋　和子（たかはし　かずこ）

　1968（昭和43）年4月に保健婦（保健師）として旧沢内村健康管理課に就任する。1970（昭和45）年に農家に嫁ぎ、4人の女児に恵まれ、母乳育児を貫く。職場と家族の協力で育児が保健指導の学びになり、「嫁づとめ」が対人関係の学びになった。思うところがあり、1995（平成7）年2月に退職し村議会議員となる。その頃より国政や村政の激動があり、その後、市町村合併があり西和賀町沢内となる。私の信条の基本は今も沢内村の保健婦であり、「子どもこそ原点」である。

髙橋　光世（たかはし　こうせい）

　西和賀町（旧沢内村）出身。現在、西和賀町職員の傍ら、子どもの地域養護活動等を支援するNPO法人の活動に事務局として携わっている。旧沢内村の深澤晟雄村長による「生命尊重」の理念を後世に継承していくことをライフワークにしている。

髙橋　千賀子（たかはし　ちかこ）

　1966（昭和41）年、埼玉県にある社会福祉法人児童養護施設「子供の町」で勤務。1969（昭和44）年に退職して帰郷し、北上市の臨時保母となる。1971（昭和46）年、沢内村立川舟保育所にて正職として赴任し念願の保育所保育を開始する。1974（昭和49）年、同保育所所長を命じられ、2000（平成12）年3月まで勤務する。2000（平成12）年4月から2002（平成14）年3月まで沢内村役場で勤務し退職。その後、川舟小学校の地域支援員、町内中学校の「心の相談員」、人権擁護員、婦人会の役員等を経験する。NPO法人輝け「いのち」ネットワークの「全国まるごと児童養護施設」の世話係り、「ホームステイ」の受け入れ世話係。

高橋　典成（たかはし　のりしげ）

　1947（昭和22）年3月生まれ。北上農業高校卒業。1971（昭和46）年4月から2002（平成14）年3月まで沢内村社会福祉協議会で地域福祉実践30年。1989（平成元）年から事務局長、1993（平成5）年雪国ボランティアグループ「スノーバスターズ」を立ち上げる。2002（平成14）年4月から2016（平成28）年3月まで障がい者支援施設「ワークステーション湯田・沢内」勤務。2010（平成22）年から施設長。現在NPO法人輝け「いのち」ネットワーク代表、被虐待児等の社会的養護の仕事と旧沢内村生命尊重行政の検証と研究実践活動を行っている。

深澤　千里（ふかさわ　ちさと）

　西和賀町職員。1981（昭和56）年の旧沢内村健康管理課勤務を機にみどり学園との交流が始まる。健康管理課勤務中は、みどり学園の子どもたちや職員の皆さんと一緒に和賀岳に登ったり、健康管理課・沢内病院職員とみどり学園の職員の皆さんと相互訪問したりしながらスポーツなどで交流を深めた。健康管理課異動後も、みどり学園の職員の皆さんの子どもたちに対する熱い眼差し、熱い想いを目にし、耳にするたびに心揺さぶられ今日に至る。

深澤　久子（ふかさわ　ひさこ）

　1938年盛岡市生まれ。1967年3月岩手県立保健婦専門学院卒業、4月から沢内村役場に勤務。元・旧沢内村健康管理課保健師長。障害者グループホーム職員。現・輝け「いのち」ネットワーク理事、町立沢内中学校「心の教室」相談員。保健師時代、先輩の田中トシさん、髙橋ミヨさんらの命を賭けた活動等に感銘を受け、一緒に働けることを喜びとしながら、住民の為の保健予防活動に取り組んだ。現在は時々児童養護施設の子ども達のホームステイを受け入れ、共に生活する中から若さを貰っている。

藤澤　昇（ふじさわ　のぼる）

　社会福祉法人岩手愛児会会長。児童養護施設 みちのく・みどり学園前園長。1947（昭和22）年生まれ。1971（昭和46）年岩手大学教育学部卒業。全国児童養護施設元協議員・同元東北ブロック会長・同元調査研究部長。要養護児の自立支援のため地域養護活動（岩手県西和賀町・同洋野町）に取り組む。現在は任意団体をつくり子どもの貧困問題に取り組み活動中。

村山　フミエ（むらやま　ふみえ）

　婚家は、養蚕業と漁業をしており、朝早くから夜遅くまで、働きづくめの毎日であった。そのような時、一本の弁論大会録音テープを聞いて元気をもらえた。このことがきっかけとなり、自分にできることに取りくみ始めた。38歳で、全国婦人消防操法大会特別演技小隊訓練指揮者となり、53歳で婦人消防協力隊の隊長を務める。その他、45歳で養蚕女性部県発表をおこない、52歳で女性第一号の農業委員となる。61歳で生活研究グループ「はまなすグループ」会長、64歳で地区婦人会長や漁協女性部長を務める。

米澤　一男（よねざわ　かずお）

　1942（昭和17）年生まれ。深澤村長時代から旧沢内村職員として40年。社会教育を中心に教育行政が長く通算25年。定年退職後は旧湯田町教育委員会で廃校活用による青少年対象の自然体験塾を立ち上げて5年。軌道に乗ったので後進に委ねて、2007（平成19）年NPO法人深澤晟雄の会設立に参加。翌年同法人が運営する深澤晟雄資料館をオープンし、現在同館事務局長。

本書のテキストデータを提供いたします

　本書をご購入いただいた方のうち、視覚障害、肢体不自由などの理由で書字へのアクセスが困難な方に本書のテキストデータを提供いたします。希望される方は、以下の方法にしたがってお申し込みください。

◎データの提供形式＝CD-R、フロッピーディスク、メールによるファイル添付（メールアドレスをお知らせください）。

◎データの提供形式・お名前・ご住所を明記した用紙、返信用封筒、下の引換券（コピー不可）および200円切手（メールによるファイル添付をご希望の場合不要）を同封のうえ弊社までお送りください。

●本書内容の複製は点訳・音訳データなど視覚障害の方のための利用に限り認めます。内容の改変や流用、転載、その他営利を目的とした利用はお断りします。

◎あて先
〒160-0008
東京都新宿区三栄町17-2 木原ビル303
生活書院編集部　テキストデータ係

【引換券】
虐待ゼロのまちの
地域養護活動

虐待ゼロのまちの地域養護活動
――施設で暮らす子どもの「子育ての社会化」と旧沢内村

発　行	2017 年 10 月 25 日　初版第 1 刷発行
編著者	井上寿美、笹倉千佳弘
発行者	髙橋　淳
発行所	株式会社　生活書院
	〒 160-0008
	東京都新宿区三栄町 17-2 木原ビル 303
	ＴＥＬ 03-3226-1203
	ＦＡＸ 03-3226-1204
	振替 00170-0-649766
	http://www.seikatsushoin.com
印刷・製本	シナノ印刷株式会社

Printed in Japan
2017 © Inoue Hisami, Sasakura Chikahiro
ISBN 978-4-86500-071-9

定価はカバーに表示してあります。
乱丁・落丁本はお取り替えいたします。

生活書院　出版案内

「困っている」人としての「妊婦健診」を受けない彼女たち──

子どもを育てない親、親が育てない子ども
──妊婦健診を受けなかった母親と子どもへの支援

井上寿美、笹倉千佳弘【編著】

A5判並製　192頁　2200円（税別）

医療現場に様々な問題をもたらす「困った」人としてとらえられてきた、「妊婦健診未受診妊産婦」。しかし、医療関係者にとって「困った」人である彼女たちが生きてきた（いる）関係状況からは、妊婦健診を十分に受けないで出産に至らざるを得なかった「困っている」人としての姿が見えてくる！　彼女たちと彼女たちから生まれた子どもへの支援の道筋を実態調査とその分析考察から導き出す必読の書。

生活書院　出版案内

障害のある私たちの 地域で出産、地域で子育て──11の家族の物語
安積遊歩、尾濱由里子【編著】　A5判並製　200頁　1500円（税別）

街で産む、街で育てる──。さまざまな障壁、差別につきあたりながらも、障害のある人の産み育てる権利を現実のものとしてきた11の家族の物語。とまどいも、哀しみも、怒りも、そしてなにより子どもと生きる喜びを等身大の言葉でつづった、あとに続く人たちへの心からのエール！

母よ！殺すな
横塚晃一【著】　立岩真也【解説】　四六判上製　467頁　2625円（税込）

自立生活・障害者運動の質を大きく転換した「青い芝の会」の脳性マヒ者、横塚晃一の不朽の名著。未収録の書き物、映画『さようならCP』シナリオ、年表等を補完し完本として待望の復刊。更に9編の横塚論文と雨宮処凛さんの推薦文を加えた第2版出来。

はなそうよ！ 恋とエッチ──みつけよう！ からだときもち
すぎむら なおみ＋えすけん【著】　B5判並製　192頁　本体2000円（税別）

図解とエッセイでからだや性の基本をみなおす第1部と、セクシュアル・マイノリティの人たちの語りから「生き方」を学ぶ第2部で構成された、まったくあたらしい「性」の本。「どんなあなたでも、だいじょうぶ！」セクシュアル・マイノリティのあなたも、マジョリティのあなたもいっしょによめる、そんな本の誕生です！

ソーシャルワーカーのソダチ──ソーシャルワーク教育・実践の未来のために
後藤広史・木村淳也・荒井浩道・長沼葉月・本多勇・木下大生【著】
Ａ5判並製　212頁　本体2000円（税別）

ソーシャルワーカーは、どのように、そしてどこで、ソダチ、ソダテられるのか！！現在のソーシャルワーク教育のありかたに疑問を持ちつつ、大学で教育に携わっている6人が、実践の現場で利用者と関わることによって、自らがソダッた経験をベースに、ソーシャルワークとワーカーの「ソダチ」を展望する！